ARCHIVES DES LETTRES MODERNES

232

JEAN-PIERRE VILCOT

Huysmans
et
l'intimité protégée

PARIS — LETTRES MODERNES — 1988

ÉDITIONS UTILISÉES

— Le texte de Huysmans est celui des *Œuvres complètes* éditées par G. Crès & Cⁱᵉ, de 1928 à 1934, en vingt-trois volumes, répartis en dix-huit tomes. Les chiffres romains renvoient au tome, les chiffres 1 ou 2 à l'un des deux volumes du tome, quand il y a lieu.

— *La Retraite de Monsieur Bougran* (Paris, Jean-Jacques Pauvert, 1964).

— *Là-haut* (Paris, Casterman, 1965), comportant le *Journal d'*" *En route* ", ensemble composé par Pierre Lambert à partir de lettres et de passages de journaux intimes, et publié à la suite de *Là-haut*.

À l'intérieur d'un même paragraphe, les séries continues de références à une même source sont allégées du sigle commun initial et réduites à la seule numérotation ; par ailleurs les références consécutives identiques ne sont pas répétées à l'intérieur de ce paragraphe.

Toute citation formellement textuelle (avec sa référence) se présente soit hors texte, en caractère romain compact, soit dans le corps du texte en *italique* entre guillemets, les soulignés du texte d'origine étant rendus par l'alternance romain / *italique* ; mais seuls les mots en PETITES CAPITALES y sont soulignés par l'auteur de l'étude. Le signe * devant une séquence atteste l'écart typographique (*italiques* isolées du contexte non cité, PETITES CAPITALES propres au texte cité, interférences possibles avec des sigles de l'étude) ou donne une redistribution * | entre deux barres verticales | d'une forme de texte non avérée, soit à l'état typographique (calligrammes, rébus, montage, découpage, dialogues de films, émissions radiophoniques...), soit à l'état manuscrit (forme en attente, alternative, options non résolues...).

PRODUIT EN FRANCE
ISBN 2-256-90425-3

SIGLES ET ABRÉVIATIONS

AM	*L'Art moderne*
ÀR	*À rebours*
ÀV	*À vau-l'eau*
B	*La Bièvre*
BSS	*La Bièvre et Saint-Séverin*
C	*La Cathédrale*
Cert.	*Certains*
CP	*Croquis parisiens*
DÉ	*Le Drageoir aux épices*
DT	*De tout*
EM	*En ménage*
FL	*Les Foules de Lourdes*
JRt	*Journal d'" En route"*
LB	*Là-bas*
LH	*Là-haut*
M	*Marthe, histoire d'une fille*
O	*L'Oblat*
QSS	*Le Quartier Saint-Séverin*
Rd	*En rade*
RMB	*La Retraite de Monsieur Bougran*
Rt	*En route*
SD	*Sac au dos*
SLS	*Sainte Lydwine de Schiedam*
SV	*Les Sœurs Vatard*
TÉ	*Trois églises*
TÉTP	*Trois églises et trois primitifs*
TP	*Trois primitifs*
BSH	*Bulletin de la Société J.-K. Huysmans*

INTRODUCTION

QU'EST-CE que l'intimité protégée? Un mode d'existence repliée que deux symboles empruntés au monde animal pourraient illustrer : le resserrement dans la coquille, le blottissement dans le terrier. Étudier les thèmes de l'intimité protégée chez Huysmans revient à saisir un principe essentiel à la cohérence de son univers imaginaire. L'empreinte d'un tempérament intimiste s'affirme dans son œuvre avec netteté et constance, à chacune des étapes principales de son développement, étapes naturaliste, «décadentiste», occultiste et catholique.

Les descriptions d'intérieurs — d'une fréquence remarquable — s'y développent en rêveries d'intimité : l'écrivain s'installe en imagination dans l'asile qu'il édifie. L'invention de lieux circonscrits où l'être est protégé, en paix — la langue huysmansienne dit *chez soi, à l'aise, en rade, havre* — est un processus constant de son écriture. L'espace y est vécu avec des partis pris d'imagination qu'anime la dialectique du dedans et du dehors, de l'ouvert et du fermé, privilégiée chez les rêveurs de la vie confinée.

L'invention des titres est significative; beaucoup — et non des moindres — disent les désirs et les souffrances de l'être en quête d'un havre où se fixer; *sac au dos*, c'est l'ordre pour la marche, le nomadisme imposé, et l'anti-héros de la nouvelle, soldat malgré lui, ne songe qu'à retrouver son logis;

à rebours, là-bas, en route : chacune de ces locutions exprime un mouvement d'éloignement motivé par le désaccord avec l'existence quotidienne; *en rade*, la *cathédrale* sont des désignations de refuges.

1

SPLEEN ET IDÉAL DE L'INTIMISTE

l'enfer du dehors

L'insatisfaction, l'inquiétude, la souffrance et l'échec sont des éléments majeurs de l'œuvre huysmansienne. Les premiers romans évoquent des personnages falots dont l'existence n'est que ratage; plus tard, après la conversion de Huysmans, quand les thèmes de la foi et de la sainteté introduisent dans ses récits une vocation héroïque, celle-ci s'accomplit par la douleur : *Sainte Lydwine de Schiedam* et *Les Foules de Lourdes* abondent en visions de corps torturés par la maladie. Cet univers est sombre; les références à Schopenhauer — inspirant le noir pessimisme (« *seul, le pire arrive* ») de la conclusion de *À vau-l'eau* — ne sont pas des coquetteries d'auteur. Un motif essentiel de cette désespérance consiste dans un désaccord douloureux avec le monde extérieur et la société contemporaine, dont l'œuvre de Huysmans réitère le procès, d'un texte à l'autre, avec constance et acharnement. Pour mieux saisir l'importance vitale du mouvement de retraite inhérent à l'imagination d'intimité protégée, il faut donc regarder d'abord se dessiner cette « *attitude hargneuse et rebroussée à l'égard du monde extérieur et du temps présent* »[1].

Comme Flaubert et Baudelaire, qu'il admire, Huysmans vit et pense ses rapports avec la société de son temps sur le mode du conflit. Il introduit dans ses romans des personnages caricaturaux, destinés à vitupérer l'adversaire de l'artiste du XIXᵉ siècle : l'homme bourgeois. André, écrivain, héros d'*En ménage*, est doté d'un beau-père que sa stupidité et sa satisfaction de soi apparentent au Homais de Flaubert ; il méprise la pauvreté des vrais artistes dont l'insuccès, en regard des gloires officielles bien rentées, lui paraît une preuve irréfutable d'incapacité, et leur non-conformisme lui semble recéler toutes sortes de turpitudes. Ainsi, quand Huysmans acquiesce à la théorie de Taine qui fait dépendre étroitement un art de l'état moral de son milieu, il la reprend à son compte en en renversant le fonctionnement : « *La théorie du milieu, adaptée par M. Taine à l'art est juste — mais juste à rebours, alors qu'il s'agit de grands artistes, car le milieu agit sur eux alors par la révolte, par la haine qu'il leur inspire* [...]. » (*Cert.*; X, 20). Ce conflit a été vécu, pensé, voire cultivé par de nombreux artistes du XIXᵉ siècle ; la figure du créateur en butte à l'indifférence ou à l'hostilité d'une société utilitariste est essentielle au paysage idéologique et culturel de cette époque ; du Chatterton de Vigny aux « poètes maudits » de Verlaine, sa présence ne se dément pas. Huysmans partage donc avec d'autres cette conviction et cette attitude d'opposition, mais elles ne sont pas chez lui conformisme ; son désaccord avec son temps est vécu. *À rebours, En rade, Là-bas, La Cathédrale, L'Oblat* — mais ici il faudrait citer toutes les œuvres — se relaient dans l'exécration ; elles invectivent contre « *l'ignominieux spectacle de cette fin de siècle* » (*LB*; XII-1, 13-4), « *l'immondice américaine de nos temps* » (*C*; XIV-1, 24), « *ces Homais en délire* » (*O*; XVII-1, 310) que sont pour l'auteur la majorité de ses contemporains. Des emportements similaires dans sa correspondance attestent la sincérité de cette détestation ; en 1893, à propos des lois répressives votées en réaction aux attentats anarchistes, il confie dans une lettre à Théodore Duret : « *J'espère au reste que vous avez savouré l'âme de cette chambre de bourgeois qu'affola une bombe! Ces Homais rendraient sympathiques les dynamiteurs. Nous voici revenus, en fait d'idées libérales, au beau temps de l'Empire. Ah! la foutue humanité! Et rien! la noblesse est gâteuse, le clergé idiot, les bourgeois ignobles, le peuple inepte, alors?...* »[2].

Il n'a jamais changé; il n'a jamais entrepris non plus une sérieuse analyse de cette société qu'il hait; elle n'est pour lui que « *cynique brigandage* » (*Rd*; IX, 51); ses porte-parole ou lui-même vitupèrent tour à tour la puissance du capital, le triomphe des négociants, l'esclavage de l'ouvrier, le militarisme et le nationalisme, mais il n'attend rien du socialisme qu'il méprise; bref, il se détourne du domaine social et politique, ne lui consacre que des paroles de dégoût et des sarcasmes amers. Non seulement il est convaincu que l'homme et la société ne peuvent être améliorés, mais il affirme en outre, à partir de *Là-bas*, qu'il se produit depuis le Moyen Âge une dégradation continue dont la Commune serait un symptôme particulièrement clair[3]. Comment n'eût-il pas écouté complaisamment les prophéties apocalyptiques de la Vierge de la Salette? Huysmans est un anxieux, et comme il devient catholique fervent dans un moment difficile pour l'Église de France, comme il s'installe près du monastère bénédictin de Ligugé peu avant que la loi de 1901 sur les Congrégations religieuses décide le clergé régulier à s'expatrier, son malaise et son désaccord s'accroissent; dans les dernières pages de *Sainte Lydwine de Schiedam*, terminées en novembre 1900, et dans « Un Mot » (une addition de septembre 1900 au recueil *De tout*), il tient le langage d'une réaction exacerbée, violemment antisémite et hostile aux francs-maçons. À Ligugé où ces textes furent écrits, il enrage comme des Esseintes sur le point de quitter sa retraite de Fontenay-aux-Roses pour rejoindre un monde détesté. En 1901, les événements politiques chassent donc Huysmans d'un asile qu'il avait espéré définitif après avoir eu bien du mal à le trouver.

Ce désaccord avec son temps influe sur ses relations avec ses pairs. Il lui vaut l'admiration de Léon Bloy, avec lequel il noue des liens amicaux pour quelques années, de 1884 à 1890 ; l'auteur du *Désespéré* loue dans les ouvrages de son ami ce qui est le plus proche de son propre génie, « *la surprenante énergie de réprobation* » que *À rebours* manifeste contre « *l'universelle bourbe contemporaine* » (pp. 14-5[4]). Leur correspondance s'établit sur un ton mi-sarcastique, mi-rageur, dont l'emportement au plaisir de la verve n'annule pas l'authenticité dans la protestation ; ainsi, durant l'été 1885, Huysmans invite en ces termes Bloy à le rejoindre en vacances au château de Lourps, près de Provins : « *Ah ! Bloy ! Je suis plein de rage, prêt à vomir à pleins pots avec vous, sur la salauderie contemporaine — Nous aurions de bien bonnes journées à passer ensemble — ce serait quand même, en dépit du dépotoir pécuniaire où une diabolique providence nous plonge, comme des mouillettes dans un œuf, un havre de quelques secondes, une rade provisoire, mais réelle — une halte contre les poursuites de la grande muflerie.* » (p. 8[5]).

En revanche, à l'égard de Zola et du mouvement naturaliste, l'action de ce désaccord entraîne la mésentente. Avec *Là-bas*, paru en 1891, Huysmans achève de se séparer des écrivains naturalistes et il consacre le premier chapitre de son livre à dire pourquoi ; outre les accusations de grossièreté matérialiste et de pesanteur dans la documentation, il en est une que le contexte de *Là-bas* et de toute l'œuvre huysmansienne incite à regarder comme essentielle : le naturalisme « *est fétide, car il a prôné cette vie moderne atroce, vanté l'américanisme nouveau des mœurs, abouti à l'éloge de la force brutale, à l'apothéose du coffre-fort. Par un prodige d'humilité, il a révéré le goût nauséeux des foules* » (*LB*; I, 6). Ces propos outranciers ne sont pas dépourvus d'une certaine justesse ; Zola avait bien déclaré dans son essai sur les *Romanciers naturalistes* : « *La République sera naturaliste ou ne sera pas* »[6]. Or Huysmans n'aime pas la République, non que des convictions politiques précises le portent vers un autre régime, mais parce qu'il n'aime pas toute chose publique où il croit voir le visage de son temps.

Cette défiance, intensifiée en détestation, et dans les moments de crise en exécration, est celle d'un être vulnérable et blessé, pour qui le monde extérieur est un réservoir inépuisable de déceptions, de menaces et d'agressions. Cyprien Tibaille, de *En ménage*, médite ainsi sur l'existence à l'adresse de son ami que sa femme vient de tromper : « *Nous, nous nous estimons heureux quand nos convoitises se bornent à n'être pas satisfaites ! Nous sommes les gens qui nous contentons des à peu près. Lorsque nous ne recevons pas de tuiles sur la tête, nous sommes pleins de joie, et c'est miracle pourtant quand avec un idéal aussi court il ne nous tombe pas sur la caboche de formidables gnons !* » (*EM*; IV, 28-9). Les ouvrages suivants font écho à cette amère réflexion ; des Esseintes « *devenait comme ces gens dont a parlé Nicole, qui sont douloureux partout ; il en arrivait à s'écorcher constamment l'épiderme* » (*À R*; VII, 10) ; sans la gouaille de *En ménage*, c'est bien toujours le même pessimisme, et la permanence de ces plaintes après la conversion atteste leur importance primordiale. Atteindre à la sainteté est particulièrement difficile parce que, pense le Durtal de *L'Oblat*, la pierre de touche en est le pardon des agressions multiples qui font la trame de l'existence quotidienne, or

l'offense soudaine, brutale, est soutenable si on la compare au lent taraudage des vexations et des crasses ; on se ressaisit, après un coup de tampon, mais l'on s'agite et l'on s'affole, si l'on endure des piqûres réitérées d'épingles; leur continuité s'exaspère; elle irrigue en quelque sorte, les terres sèches de l'âme, donne aux péchés de rancune et de colère le temps de pousser, et Dieu sait si leurs rejetons sont vivaces!

(*O*; XVII-1, 155)

Pour Huysmans l'écorché, la laideur du sanctuaire de Lourdes n'est rien moins que diabolique, au sens précis du terme, car il y voit une revanche de Satan dans le territoire même de la Vierge; il juge aussi « *un sacrilège énorme* » (*TP*; XI, 310) la présence d'un théâtre à côté de l'ancien couvent des Unterlinden de Colmar où est exposée la célèbre crucifixion du peintre Grünewald.

Il ressent bien sûr douloureusement les transformations de Paris, à la suite des bouleversements d'Haussmann. Parisien invétéré comme Baudelaire, il aime les coins ignorés, les vieux quartiers pittoresques; il a beaucoup écrit sur la capitale et ses alentours immédiats; des proses recueillies dans *Le Drageoir aux épices*, dans les *Croquis parisiens* et dans *De tout*, des monographies comme *La Bièvre*, *Le Quartier Saint-Séverin*, et *Trois églises* leur sont intégralement consacrées. « *Ah! décidément Paris devient un Chicago sinistre!* », s'exclame Folantin (*ÀV*; V, 40); des rues resserrées et solitaires, des quartiers inactifs étaient pour lui autant de refuges hors du tumulte et des luttes incessantes de la grande ville :

Jadis, il badaudait dans des quartiers déserts; il se plaisait à longer les ruelles oubliées, les rues provinciales et pauvres [...].
Tout avait disparu; plus de feuillages, de massifs, plus d'arbres, mais d'interminables casernes s'étendant à perte de vue; et M. Folantin subissait dans ce Paris nouveau une impression de malaise et d'angoisse. (*ÀV*; V, 60)

Cette invasion moderne fournit le motif du poème en prose « *L'Obsession* », dans les *Croquis parisiens* : par le truchement d'une vieille coupure de presse retrouvée par hasard, les turpitudes des temps modernes (concentrées à Paris) rejoignent au fond de la campagne l'homme qui voulait les fuir, il ne peut plus en détacher sa pensée; bref, pour reprendre une exclamation désolée de Durtal : « — *Mon Dieu! quelles trombes d'ordures soufflent à l'horizon!* » (*LB*; XII-2, 235).

La violence des malédictions contre le siècle qui concluent *À rebours* et *Là-bas*, la virulence antisémite et anti-franc-maçonne de *Sainte Lydwine de Schiedam* et de *De tout* ne doivent pas donner le change : elles sont l'exaspération d'un vaincu; Huysmans n'a pas la puissance ni la vocation agressives de Bloy; face à la combativité de « l'entrepreneur de démolition », la spécificité huysmansienne apparaît mieux. Un portrait moral d'un héros de *En ménage* la cerne assez bien : « *Cyprien était bien l'homme de sa peinture, un* RÉVOLTÉ AU SANG PAUVRE, *un anémique subjugué par des nerfs toujours vibrants, un esprit fouilleur et malade, obsédé par la sourde tristesse des névroses, éperonné par les fièvres, inconscient malgré ses théories, dirigé par ses malaises.* » (*EM*; IV, 131). Il y a déjà en lui du des Esseintes, et son ami l'écrivain André manifeste aussi tout au long du récit « *son apathie dans la vie, son gnian-gnian dans l'attaque* » (134). Compte tenu des singularités de chaque œuvre — accentuation de la veulerie dans *En ménage* et dans *À vau-l'eau*, du nervosisme dans *À rebours* — de l'un à l'autre des principaux personnages, y compris le Durtal catholique, une attitude fondamentale se dessine; elle rend perceptible l'unité de ce que nous appellerons « l'être huysmansien », peu apte à l'attaque et vulnérable.

Le désaccord et la souffrance donnent l'impulsion d'une vocation solipsiste accentuée. Dans cet univers le contact et l'action d'autrui s'adjoignent à la traîtrise des objets, des éléments et des habitats. Les rapports humains y sont difficiles, sinon franchement mauvais. Jacques Marles doit affronter l'inconfort du château de Lourps, mais aussi le « *voisinage menaçant de bêtes et d'hommes* » (*Rd*; IX, 91); et avec quelle dureté Huysmans portraiture-t-il les paysans dans ce roman! sans réserver d'ailleurs un meilleur sort aux citadins de *La Cathédrale* — « *Le Chartrain est cupide, apathique et salace* » (*C*; XIV-1, 225) — ni à la population du Val des Saints où réside le Durtal de *L'Oblat* : « [...] *les paysans sont cupides et retors et quant aux gourdes armoriées, aux noblaillons qui croupissent dans les châteaux des alentours, ils sont certainement au point de vue intellectuel, encore inférieurs aux rustres* [...]. » (*O*; XVII-1, 33-4). Il y a là un malaise, une querelle avec autrui, dont la permanence atteste le sérieux. La correspondance de Huysmans coïncide sur ce point avec son œuvre, et des témoignages de contemporains — entre autres ceux qui dépeignent sa vie à Ligugé — le font apparaître, non certes comme un misanthrope, mais tout au moins comme un réfractaire à trop de contacts avec autrui, et surtout à des contacts non préalablement choisis[7].

Quand Huysmans met en scène dans ses romans des relations d'amitié — André et Cyprien de *En ménage*, des Hermies, Durtal et Carhaix dans *Là-bas*, Durtal et l'abbé Gévresin dans *En route* et dans *La Cathédrale* —, l'entente de ses personnages est fondée sur leur commun désaccord avec leur temps. Huysmans lui-même répugne à devenir membre d'une collectivité, fût-ce le temps d'un spectacle; pourquoi son indifférence, voire son hostilité à l'égard du théâtre — où Edmond de Goncourt et Zola ambitionnèrent de briller — sinon parce qu'il faut composer dans la salle avec la présence d'autrui? Il écrivait dans une lettre, vers la fin de 1892 : « *Je ne suis pas théâtrier pour deux sous. Avec cela, je suis réfractaire aux mirages de la scène et je vomis les affreuses hures qui peuplent les salles* [...]. » (p. 114, n. 1[8]). Pourtant, quand il se fut converti, il lui fallut bien rejoindre une communauté de foi, et son goût d'esthète pour les belles liturgies le déterminait plus encore qu'un autre à rencontrer les expressions collectives de la croyance religieuse ; mais l'originalité de son catholicisme est de ne leur faire place qu'en les maintenant toujours à distance : Durtal ou lui-même gardent leur autonomie vis-à-vis d'elles tout en en jouissant, ou bien encore ils font l'économie des désagréments du réel en exaltant l'élan des piétés collectives du Moyen Âge que leur imagination met en scène et en rejetant celles qui leur sont contemporaines ; dès le second chapitre des *Foules de Lourdes*, Huysmans signale qu'il a traité un tel sujet plus par devoir peut-être que par un véritable intérêt : « *Si quelqu'un n'a jamais été stimulé par le désir de voir Lourdes, c'est bien moi. D'abord, je n'aime pas les foules qui processionnent, en bramant des cantiques* [...]. » (*FL* ; XVIII, 29). Les ordres monastiques seront seuls exceptés de cette réprobation envers les groupes, mais avec maintes hésitations, avec de fortes réserves à l'égard des prescriptions de leurs règles, et avec, pour terme, une fois qu'ils sont quotidiennement côtoyés, le désenchantement de *L'Oblat*.

L'homme huysmansien a donc la vocation de la solitude qui lui évite souffrance et dispersion. « *Solitaire comme il l'était, peu accessible aux physionomies nouvelles, peu liant, ayant le monde en horreur* [...]. » (*Rd* ; IX, 119) : ce bref portrait moral de Jacques Marles conviendrait aussi bien au Folantin de *À vau-l'eau*, à des Esseintes et à Durtal. L'insistance sur les souffrances de la promiscuité développe la même conviction *a contrario*. La foule défile devant sainte Lydwine de Schiedam que ses maux contraignent à rester alitée, sa renommée attire à elle tant de consultants que sa chambre « *était un hospice spirituel ouvert à tout venant* » (*SLS* ; XV-2, 97) ; au moment de terminer le récit de cette vie, Huysmans en souligne cette caractéristique : « *Pour résumer maintenant, en quelques mots, l'existence de cette sainte que l'on ne voit jamais debout et jamais seule, l'on peut dire qu'elle fut peut-être celle qui souffrit le plus, et le moins, en paix.* » Or, les maux physiques de la sainte sont tels qu'il est tout à fait remarquable et significatif de leur voir associée et égalée « *cette gêne de n'être plus chez elle* » (49) qui constitue la privation d'intimité. L'enfer huysmansien c'est en bonne partie les autres.

la protestation contre l'existence

La verve bougonne de Huysmans — souvent exploitée consciemment jusqu'à l'humour — ne doit pas faire prendre à la légère la plainte que son œuvre entière développe ; toutes ses récriminations, des plus sérieuses aux mesquines, ne sont pas simple humeur bourrue, mais le détail d'une protestation fondamentale contre l'existence. Avant la conversion elle s'alimente au pessimisme schopenhauerien ; Huysmans a lu, apprécié et cité le philosophe allemand, mais il eût été aussi pessimiste sans l'avoir lu ; la tristesse oriente et nourrit son écriture d'une façon qu'éclaire bien cet éloge de *En rade* par Bloy : « *Il suffit de lire deux pages* [...] *pour que l'évidence de ce parti-pris éclate. Jamais on n'alla aussi loin dans le dégoût de la vie, dans le vomissement de ses* frères, *et en même temps, jamais une aussi totale satiété de la farce humaine ne fut exprimée dans une aussi glaciale ironie !* » (p. 25[4]). La révolte de Durtal à l'idée de la métempsycose est aussi des plus significatives : « *Eh bien, cela me paraît suffisant de vivre, une fois ; j'aime mieux le néant, le trou, que toutes ces métamorphoses, ça me console plus !* » (*LB*; XII-1, 216). Le catholicisme, loin de le réconcilier avec la vie et avec son temps, lui apporte au contraire des raisons nouvelles de les condamner ; Huysmans trouve d'excellents aliments pour son pessimisme dans la méditation des souffrances du Christ et des saints, dans les exhortations pauliniennes à mépriser et mater la chair. Ce qu'il entend le mieux dans le christianisme est l'assimilation de la terre à une vallée de larmes : elle est

16

un écho à ses dégoûts. Son catholicisme sera donc doloriste. « *Ce qui reste incompréhensible, par exemple, c'est l'horreur initiale imposée à chacun de nous, de vivre.* » (*Rt*; XIII-1, 42). À la Trappe de Notre-Dame de l'Atre, quand Durtal est assailli un jour par de multiples doutes — une agression satanique dit Huysmans — il en est un qui le désarme, celui qui récuse la bonté divine parce que « *la vraie bonté, elle eût consisté à ne rien inventer, à ne rien créer, à laisser tout en l'état, dans le néant, en paix!* » (XIII-2, 186). Le même pessimisme est encore présent dans *L'Oblat*, où Huysmans relate complaisamment l'opinion de saint Fulgence sur les pleurs prêtés au Christ à la résurrection de Lazare : ce n'est pas la mort qu'il déplore, mais le fait qu'il va rappeler Lazare aux misères de la vie. Comment la religion eût-elle pu faire disparaître ou seulement atténuer cette révolte contre la vie, puisque Durtal — et sur ce point il ne diffère pas de Huysmans — décèle en elle l'un des principaux motifs de sa conversion? « *Ah! reprenait-il, quand je songe à cette horreur, à ce dégoût de l'existence qui s'est d'années en années, exaspéré en moi, comme je comprends que j'aie forcément cinglé vers le seul port où je pouvais trouver un abri, vers l'Église.* » (XIII-1, 42-3).

Mais il faut considérer l'écriture et l'esthétique huysmansiennes pour prendre toute la mesure de cette réprobation contre la vie, qui s'en prend à la figure humaine, aux mondes animal et végétal. Chez Huysmans, il n'y a de beauté que celle de l'art ou celle qu'apporte à l'homme le rayonnement d'une mysticité qu'il présente comme non humaine. Pour le tout-venant son écriture se fait souvent férocement caricaturale ; « *la tératologie vidait ses bocaux* » (*C*; XIV-1, 288) : cette expression lapidaire, appliquée à la foule chartraine accueillant son évêque, donne le ton de cette agressivité, apparue déjà dans les romans naturalistes. Pour évoquer des ouvrières d'un atelier de brochage, le vocabulaire animalier vient aiguiser la caricature : elles bavent, aboient, l'une est un monstre de chairs molles, ou elles deviennent non plus des bêtes, mais des choses qui s'affalent : « *L'atelier offrait alors le spectacle d'une morgue. Un tombereau de jupons semblait avoir été vidé, en un tas* [...]. » (*SV*; III, 13). Cette dépréciation continue de s'exercer — moins directement mais avec une haine et un effroi de la chair, une fascination de la douleur dont l'intensité décèle le caractère fantasmatique — dans les inventaires des pires maux physiques (lèpres, lupus rongeur, etc.) que constituent *Sainte Lydwine de Schiedam* et surtout *Les Foules de Lourdes*. Quant aux mondes animal et végétal, qui tiennent peu de place, le sort qui leur est fait dans *En rade* est caractéristique du statut qui est d'ordinaire le leur quand ils sont mentionnés : là encore le ton est celui de la déception et du désaccord ; contrepoint au pansexualisme de Zola, Jacques Marles trouve somme toute minable le rut du taureau, il fait trop chaud, les insectes piquent, on se prend les pieds dans les plantes, etc.

s'abstraire

L'esthétique huysmansienne s'édifie donc contre la nature et l'existence ainsi dépréciées, voire détestées ; Durtal, assistant à une prise de voile chez des Carmélites, admire le visage de la postulante, « *une figure morte, les paupières tombées ; blanche, sans yeux, de même que les statues en marbre de l'antique* » (*Rt*; XIII-1, 105). La présence et la louange d'une telle figure n'étonne pas dans cet univers que parcourt un puissant vouloir-mourir, atténué en un vouloir-s'enclore. Le même éloge revient pour une autre postulante, à une autre prise de voile : « *Elle restait muette, absente de la vie, avec ses yeux fermés* [...]. » (209). Fermer les yeux : le narrateur de « Camaïeu rouge », dans *Le Drageoir aux épices*, tente de réintégrer ainsi par l'illusion l'espace heureux d'un merveilleux boudoir rouge qu'il a connu jadis : « *L'été, cependant, alors que la nostalgie du rouge m'oppresse plus lourdement, je lève la tête vers le soleil, et là, sous ses cuisantes piqûres, impassible, les yeux obstinément fermés, j'entrevois sous le voile de mes paupières, une vapeur rouge.* » (*DÉ*; I, 15). Quand des Esseintes s'absorbe dans une symphonie de parfums dont les correspondances visuelles substituent au monde réel un univers qu'il compose à son gré, il a recours à cette attitude : « *Ce décor posé en quelques grandes lignes, fuyant à perte de vue sous ses yeux fermés* [...]. » (*ÀR*; VII, 178). Jacques Marles fait de même quand il tente de réintégrer le monde de ses rêves nocturnes, moins hostile que la réalité diurne : « *Il ferma les yeux pour mieux s'abstraire et songer de nouveau à cet étonnant rêve qu'il avait vu se dérouler devant lui, pendant un somme.* » (*Rd*; IX, 57). C'est une pratique que Durtal n'oublie pas (*Rt*; XIII-1, 21). Quelle mimique dit mieux le repli sur soi ?

les réconforts du dedans

Dans cet univers où le désaccord avec l'existence tient une si grande place, le bonheur (rare) ou seulement la cessation de la souffrance apparaissent toujours comme le résultat de fortes protections. Le mouvement de cécité volontaire exprime bien cette volonté de renfermement dans le for(t) intérieur que la religion pourra venir seconder : l'homme qui a communié est non seulement défendu contre lui-même mais aussi « *armé contre les autres* » (*Rt*; XIII-1, 120).

L'espace du dedans, c'est l'espace moral du sentiment d'intériorité, sur lequel se fondent la notion de notre identité et la consistance de notre personne face aux dispersions et aux agressions du monde; c'est aussi l'espace concret, matériellement défini, dont la protection permet à son analogue moral de se constituer. De l'un à l'autre un courant ininterrompu de relations s'établit.

L'activité artistique occupe dans la hiérarchie des valeurs huysmansiennes une place de premier rang, que seule la sainteté lui ravira après la conversion. Quelle importance a donc la claustration pour Huysmans, puisqu'il fait dépendre la capacité créatrice de l'artiste de sa réussite à se tenir à l'écart du monde ! Plusieurs récits mettent en scène cette conviction. Le peintre hollandais Cornélius Béga, auquel une prose du *Drageoir aux épices* est consacrée, mène si joyeuse vie dans les cabarets que la qualité de ses toiles décroît dangereusement : « *Il en brisa ses pinceaux de rage. Revenu de tout, dégoûté de ses amis, méprisant les filles, reconnaissant enfin qu'une maîtresse est une ennemie et que, plus on fait de sacrifices pour elle, moins elle vous en a de reconnaissance, il s'isola de toutes et de tous et vécut dans la plus complète solitude.* » (*DÉ*; I, 96). La rencontre d'une aimable épouse confirme ensuite cette résolution, tout en la rendant plus tenable, et son talent renaît et grandit dans sa vie calme. La prose du recueil consacrée au peintre Brauwer évoque un destin contraire et ces deux récits antithétiques constituent une parabole des bienfaits du renfermement.

Huysmans réaffirme cette conviction à propos d'artistes contemporains ; il met en relation le génie de Gustave Moreau, qu'il place haut, avec la faculté qu'il lui prête de refuser le siècle et de vivre en ermite dans Paris même (*Cert.*; X, 20). Il fait mener aussi cette existence confinée à son double, Durtal, l'écrivain qui ne fréquente pas le monde des Lettres. En ce domaine, il est certain que Huysmans n'innove pas. L'excellence de l'isolement pour l'artiste est un thème présent chez Balzac et Baudelaire : mansarde de Raphaël de Valentin dans *La Peau de chagrin*, logis aérien où le poète de « *Paysage* », dans *Les Fleurs du mal*, invente à volonté des mondes. Mais ces prédécesseurs accentuent chaque fois la volonté de puissance intellectuelle qu'ils mêlent à des rêveries de domination, tandis que ces idées de conquête sont absentes des retraites huysmansiennes. Si leur habitant y crée, elles sont aussi et surtout des havres où l'existence devient enfin supportable.

La préoccupation d'intimité agit également d'une façon moins voyante à un niveau où l'écrivain peut ne pas discerner les motivations réelles de son écriture et de ses jugements. Elle détermine par exemple un ensemble de choix et de pratiques dans les descriptions d'édifices et de vieux quartiers, auxquels maints passages de l'œuvre sont consacrés. Huysmans accorde peu de place aux façades, à l'extérieur des monuments; à Chartres bien sûr il ne néglige pas les sculptures, toutefois, même quand il doit tenir compte des exigences d'une entreprise qu'il veut didactique, ses préférences ne manquent jamais de se manifester : « *Occupons-nous d'abord de l'intérieur* » (*TÉ*; XI, 173) prévient-il en commençant d'expliquer la symbolique de Notre-Dame de Paris. La description interne prend alors souvent l'allure d'une curieuse investigation, où, loin de vouloir donner l'idée juste du volume architectural, l'auteur se plaît à diviser l'espace en territoires dont il compare les qualités d'aise, d'abri et de recueillement : « *De ces deux chapelles* [...] *la plus quiète, la plus douce, est, selon moi, celle de la Bonne-Mort.* » (210-1). Il n'isole pas moins de quatre espaces privilégiés dans Saint-Germain-l'Auxerrois.

Quand il lui faut traiter des extérieurs, sa vision y favorise les éléments protecteurs de l'espace interne : d'abord les toits que leur fonction d'abri prédestine à être valorisés. « *Il y avait des pignons, une église surmontée d'une croix, des toits en dents de scies, en poivrières, en cornets renversés, en éteignoirs, un donjon percé de meutrières.* » (*CP*; VIII, 149); c'est devant ce décor que le Juif *errant* de « L'Image d'Épinal » est invité à faire halte par les échevins d'une petite ville brabançonne. La façade de la cathédrale de Chartres, dotée d'une masse formidable, devient un rempart « *d'allure érémitique* » (*C*; XIV-1, 335), haussé vers le ciel, derrière lequel Durtal se retire pour trouver la paix. L'extérieur n'est jamais qu'accessoire ; une brève remarque à propos de Chartres établit bien cette hiérarchie des catégories spatiales : « [...] *cette allégorie de la vie mystique, décelée par l'intérieur de la cathédrale,* SE COMPLÈTE AU DEHORS *par l'aspect suppliant de l'édifice.* » (XIV-2, 286) ; une autre réflexion affirme plus nettement la primauté du dedans sur le dehors, et la justifie par une interprétation allégorique de l'opacité externe des vitraux :

[...] les fenêtres sont, en effet, grises ou noires et il faut pénétrer dans l'église et se retourner pour voir sémiller le feu des vitres ; c'est l'extérieur sacrifié au dedans, pourquoi ?

Peut-être, se répondit Durtal, est-ce un symbole de l'âme éclairée dans ses parties intimes, une allégorie de la vie intérieure...

(*C*; XIV-2, 172)

Or rien n'est mis au-dessus de celle-ci, dans cette œuvre qui proclame très haut son spiritualisme et vilipende l'engluement des contemporains dans les apparences et la matière. Les préférences des descriptions huysmansiennes pour les espaces du dedans (intérieurs de monuments) coïncident avec l'intériorisation croissante, au sens moral, de toute l'œuvre.

Les porches de Chartres ne sont pas qu'un magnifique répertoire de sculptures : leur creux séduit et attire Durtal qui admire ces « *portails creusés en voûte, simulant la perspective d'un recul par la série de leurs arcs concentriques qui vont, en diminuant, en s'enfonçant jusqu'aux chambranles des portes !* » (*C*; XIV-2, 171). Leur profond retrait les fait participer aux qualités de l'intérieur ; leur caractère d'espace mixte place l'écriture qui les appréhende sous le pouvoir d'une attirance forte vers le dedans. Ce phénomène se produit aussi quand Durtal considère les statues colonnes du portail royal :

Durtal songeait : « quel irrésistible nécromant pourrait évoquer l'esprit de ces royales Ostiaires, les contraindre à parler, nous faire assister à l'entretien qu'elles ont peut-être, quand elles paraissent se reculer sous la voûte, se retirer chez elles, le soir, derrière un rideau d'ombre ?
Que se disent-elles, elles qui ont vu saint Bernard, saint Louis, saint Ferdinand, saint Fulbert [...], tant d'élus, défiler devant elles, alors qu'ils entrèrent dans les ténèbres étoilées de la nef ? » (*C*; XIV-1, 336)

Et les mouvements d'entrée se répètent jusqu'au ressassement, dans ce sanctuaire, dans d'autres églises, en acte, par la pensée, la parole ; chaque fois l'écriture construit le décor d'un intérieur où la rêverie huysmansienne s'ébat : église de la Salette, cathédrales de Paris, d'Amiens, de Laon, de Reims, de Rouen, de Dijon, de Tours, du Mans, de Bourges, de Beauvais, de Cologne... On ne cesse de franchir les seuils dans le sens de l'entrée : mouvement du visiteur d'églises chercheur d'espaces protégés.

Quand Huysmans proteste contre l'ouverture d'avenues larges et rectilignes, ce n'est pas seulement son goût des vieilles pierres et, dans le cas de Paris, son attachement à des décors familiers, qui sont blessés. Sa perception de l'urbanisme moderne met en jeu les mêmes intérêts que ceux qui le font rêver aux havres des sanctuaires : il y voit une menace contre les espaces bénéfiques du dedans. Qu'apprécie-t-il dans un vieux quartier comme celui de Martainville à Rouen ? Des rues étroites et des maisons vastes. « *Petite sur le devant, la maison s'enflait sur les derrières, vivait à la campagne. Le bruit cessait, éteint dès l'entrée par ces murailles épaisses, par ces pierres sourdes.* » (*QSS*; XI, 31-2). La ville moderne, elle, fait le partage inverse : « *Jadis les rues étaient étroites et les logis vastes ; maintenant les rues sont énormes et les chambres microscopiques et privées d'air* » (*Cert.*; X, 48), outre que « *les cloisons de papier et les plafonds bas laissent filtrer tous les bruits* » (*QSS*; XI, 37) ; ainsi, par un cruel renversement, l'espace du dedans, amoindri, mal clos, devient espace de tourment. Les protestations de Huysmans contre tous ceux qu'il appelle « les ingénieurs » puisent là leur sérieux et leur vigueur; quand « l'ingénieur » détruit par sa voirie l'espace matériel du dedans, il ôte en même temps à l'homme huysmansien le terrain où son identité morale peut s'édifier.

Le même principe de clôture domine aussi la vie spirituelle. Un religieux compétent établit ainsi le diagnostic de l'état moral de Durtal : « *Vous serez torturé par l'imagination* [...] *elle sera* LA PORTE MAL FERMÉE *de votre personne* [...]. » (*Rt*; XIII-2, 93-4). Les métaphores organisent un échange constant entre espaces mental et matériel : « *Les salles de son château interne étaient vides et froides, cernées de même que les chambres de la maison Usher, par un étang dont les brouillards finissaient par pénétrer, par fêler la coque usée des murs.* » (*C*; XIV-1, 54). Outre la référence à Poe, on peut y lire un rappel de *En rade* : le principe qui lie mauvaise fermeture et malheur n'y est-il pas déterminant dans l'échec des héros?

souffrance du mouvement

L'immobilité est une aspiration essentielle; inversement la mobilité est entachée d'une forte négativité. Le choix des titres atteste l'importance du couple antithétique errance/fixation; *en rade* et *la cathédrale* désignent des espaces bienfaisants (avec antiphrase ironique pour le premier) dont les limites seraient aptes à circonscrire une existence immobile; et si la majorité des locutions laconiques dont Huysmans aime à faire ses titres — *sac au dos - à vau-l'eau - à rebours - là-bas - en route* — renvoient à l'errance (émigration volontaire dans les trois derniers cas) chaque fois ce mouvement ne vise qu'à sa propre abolition par l'installation en quelque gîte. Le nomadisme douloureux est un thème clé de l'univers huysmansien.

Il supplicie Folantin auquel le sort impose d'aller chercher au-
dehors sa pitance : première souffrance ; puis toujours quelque
désastre — d'ordinaire culinaire — vient relancer son errance :

[...] et voilà que, pour comble, le dîner était exécrable et que le vin
sentait l'encre [...]. (*À V* ; V, 11)

[...] il déserta le gargot où il mangeait d'habitude ; [...] essayons d'autre
chose [...]. Mais partout il en était de même ; [...] à force de chercher je
trouverai peut-être, — et il continua à rôder par les cabarets, par les
crémeries [...]. (*À V* ; V, 27–9)

Folantin est le Juif errant des restaurants. Des Esseintes,
vaincu par la névrose, est pris à l'intérieur de sa retraite
d'« *une agitation fébrile* » (*À R* ; VII, 260). Durtal, désemparé
parce qu'il va lui falloir décider d'aller ou non faire retraite à
la Trappe, « *faisait la navette d'une église à l'autre* » (*Rt* ; XIII-
1, 242). Car l'incertitude est aussi un trait constant des personnages huysmansiens : « *Seigneur, prenez pitié du chrétien
qui doute, de l'incrédule qui voudrait croire* [...] *!* » (*À R* ; VII,
337). L'homme huysmansien est toujours plus ou moins en
route ; errances qui constituent le passé de des Esseintes :
« [...] *il compagnonnait avec les hobereaux,* [...] *il avait aussi
parcouru les coulisses,* [...] *il avait plongé dans les bas-fonds,*
[...] *il se retrouva sur le chemin* » (10–2), et la conversion,
outre qu'elle est elle-même un cheminement hésitant, ne met
pas fin à l'instabilité ; découragements et enthousiasmes alter-
nent, auxquels succèdent les incertitudes de Durtal au sujet
des cloîtres :

Las de Chartres où il s'était provisoirement fixé, harcelé par des appé-
tences déréglées de cloître, il était parti pour l'abbaye de Solesmes.

(*O* ; XVII-1, 7)

[...] aussitôt réinstallé à Chartres, la nostalgie le repossédait de l'office
divin, de ces journées justement très bien scindées par la liturgie pour
ramener l'âme vers Dieu, pour empêcher ceux qui ne travaillent point,
de trop voguer à la dérive. (*O* ; XVII-1, 15-6)

D'où cette prière instante à la Vierge de Chartres : « *Prenez pitié des âmes sans feu ni lieu, des âmes voyagères inaptes à se grouper et à se fixer, prenez pitié des âmes veules et recrues, prenez pitié de toutes ces âmes qui sont la mienne, prenez pitié de moi !* » (*C*; XIV-2, 118).

L'expérience de ce malheur tient une place majeure dans cet univers ; elle reparaît dans *Sainte Lydwine de Schiedam*, transportée en Hollande médiévale, car les nombreux religieux qui viennent consulter la sainte sont de « *ces esprits toujours inquiets, mal partout où ils sont et s'imaginant qu'autre part ils seraient mieux ; Lydwine avait grand'pitié de ces âmes nomades ; elle tâchait de remonter ces malheureux, de les persuader que l'on ne devient pas meilleur en changeant de place* » (*SLS*; XV-1, 228-9). Identité frappante avec les tourments de Durtal. La pitié de la sainte est un apitoiement de Huysmans sur lui-même. Ses séjours dans divers monastères (Igny, Saint-Wandrille, Solesmes, Fiancey, Saint-Maur de Glanfeuil, Ligugé), les espoirs et les déceptions qu'ils suscitent sont, de 1892 à 1899, les moments forts de sa vie.

L'imagination huysmansienne s'organise donc autour d'un couple antithétique : l'expérience malheureuse du mouvement désorienté est indissociable d'un désir fondamental de fixation ; tout point d'appui se charge alors d'affectivité ; il devient un idéal, un pôle de l'espérance, un élément déterminant de l'imagination du bonheur. Dans *Marthe, histoire d'une fille, En ménage, À vau-l'eau*, dont les principaux personnages rêvent d'intérieurs confortables, ce thème se développe dans le registre matériel. Dans *Là-bas*, c'est sa forme morale qui apparaît, quand l'auteur explique pourquoi Gilles de Rais quitte si jeune la cour de Charles VII et se retire dans son château de Tiffauges : « *La lassitude d'une vie nomade, le dégoût des camps lui étaient sans doute venus ; il eut certainement hâte de se recenser dans une atmosphère pacifique, près de ses livres.* » (*LB*; XII-1, 81); fatigue morale et non désir du confort matériel, car la noblesse du personnage et le dessein du livre appellent cette spiritualisation du thème; toutefois, ce désir l'apparente aussi aux médiocres héros des romans naturalistes.

Durtal pense sa vie en termes de passage, d'attente et de station :

> Ce Chartres où je végète, est-il un lieu d'attente, une transition entre deux monastères, un pont jeté entre Notre-Dame de l'Atre et Solesmes ou une autre abbaye? est-ce au contraire l'étape dernière, celle où vous [*il s'adresse à la Vierge*] voulez que je sois enfin assis, mais alors ma vie n'a plus de sens; elle est incohérente, bâtie et détruite au hasard des sables ! à quoi bon, s'il en est ainsi, ces souhaits monastiques, ces appels vers une autre destinée, cette quasi-certitude que je suis en panne à une station, que je ne suis pas arrivé au lieu où je dois me rendre?
>
> (*C*; XIV-2, 117-8)

À l'occasion de la catastrophe sur laquelle se termine *L'Oblat* — le départ des moines du Val des saints — les métaphores disent le vœu fondamental : « [...] *ce que je suis las et, maintenant que j'ai trouvé un siège, ce que je voudrais y demeurer assis !* » (*O*; XVII-2, 165). Le « siège » est d'abord sa demeure matérielle, un abri calme où sont les livres, où les fenêtres montrent la vue pacifiante des toits du monastère; mais c'est aussi l'assise morale procurée — malgré ses défauts — par le voisinage de la communauté dont les offices rythment sa vie et satisfont son besoin de liturgie. Des Esseintes voulait que sa demeure de Fontenay lui fût une « *arche immobile* » (*ÀR*; VII, 10). Le même désir reparaît dans le type de foi que Durtal appelle de ses vœux : « *Ô croire, croire comme ces pauvres convers, ne pas être nanti d'une âme qui vole ainsi à tous les vents; avoir la foi enfantine, la foi immobile, l'indéracinable foi !* » (*Rt*; XIII-2, 126).

L'intimité protégée englobe le désir d'une intériorité cohérente. Le langage des désastres et des réussites est clair à cet égard :

> Le tas confus des lectures, des méditations artistiques, qu'il avait accumulées depuis son isolement, ainsi qu'un barrage pour arrêter le courant des anciens souvenirs, avait été brusquement emporté, et le flot s'ébranlait, culbutant le présent, l'avenir, noyant tout sous la nappe du passé, emplissant son esprit d'une immense étendue de tristesse sur laquelle nageaient, semblables à de ridicules épaves, des épisodes sans intérêt de son existence, des riens absurdes. *(ÀR; VII, 113)*

C'est le terme ultime du malheur, une perte d'intimité, de maîtrise intérieure que Huysmans appelle « évagation ». Dès les *Croquis parisiens*, la prose de « *L'Obsession* » évoquait ainsi ce tourment fondamental : « [...] *le malaise spirituel du logement refroidi par l'absence, l'impossibilité, les jours qui suivent, de* S'ASSEOIR *en soi-même et de se soustraire à l'insupportable distraction des bavardages éjaculés d'une foule qui ne peut se taire.* » *(CP; VIII, 142-3)*. Dix-huit ans plus tard la métaphore intimiste et typiquement huysmansienne reparaît dans *La Cathédrale* : « [...] *ne serait-il pas utile de* M'ASSEOIR, *ne fût-ce que pendant une minute, en moi-même,* [...]*?* » *(C; XIV-2, 275)*.

Se diluer, être épars, s'évaguer, se disperser, se dissiper : ce sont autant de synonymes huysmansiens pour dire un péril tel que l'intimité matérielle — toujours nécessaire — peut n'être pas suffisante pour l'éviter, même dans la solitude et le calme : « *Moi, je reste dissipé, mal à l'aise, dans les chapelles trop éclairées, dans le tohu-bohu des foules !* je N'ARRIVE DÉJÀ À RIEN, QUAND JE SUIS SEUL *!* » *(LH; 109)*. Durtal est un introverti scrupuleux, voire vétilleux, aimant à se tarauder l'âme, héritier de l'imagination vive dont usait des Esseintes pour fuir le monde. Cette plasticité a son revers, notamment dans *En route* où les doutes et les retournements d'âme sont amplifiés, dramatisés, vécus comme des agressions diaboliques. Il n'est pas un livre de la trilogie catholique (*En route, La Cathédrale* et *L'Oblat*) qui ne dise le tourment de la dispersion intérieure. Perte d'identité, elle est aussi le principal obstacle à la prière : « *J'ai l'âme détraquée ; dès que je veux prier, mes sens s'épandent au-dehors, je ne puis me recueillir et, du reste, si je parviens à me rassembler, cinq minutes ne s'écoulent point que je me désagrège* [...]. » (*Rt*; XIII-1, 244). L'image de l'Église — « *vieux roc* », « *indestructible bloc* » (*C*; XIV-2, 72) — est commandée par ce tourment et le désir d'unité.

La tension entre l'éparpillement et le désir de cohérence est inscrite dans la genèse difficile de *La Cathédrale*, sa plus grosse œuvre. Quelle abondante matière que l'iconographie de pierre et de verre de Notre-Dame de Chartres ! Huysmans l'inventorie avec minutie et ses exégèses se multiplient et s'affinent ; il confie à plusieurs reprises qu'il croule sous l'énormité de la tâche ; sa documentation et son livre prolifèrent ; mais en même temps, outre que son métier d'écrivain lui montre le danger d'un excès d'abondance, il veut faire sentir que cette cathédrale est « *jaillie de l'effort d'une âme* » en un « *radieux ensemble* » (*C*; XIV-2, 185) ; ce n'est pas seulement par un souci de clarté didactique qu'il se préoccupe de « *la récapituler,* [*de*] *la condenser* » (285). Il veut y trouver, il y perçoit, il veut y faire sentir un élan rassembleur comme celui qu'il désire voir regrouper tout son être.

Sa claustrophilie s'exprime aussi dans la présence de figures érémitiques : images exemplaires de sécession où un thème privilégié se cristallise et s'affirme avec sa plus grande intensité. Que Huysmans emprunte ses personnages à l'Histoire, plus rarement au monde contemporain, ou qu'il les invente, ils sont tous apparentés par la radicalité de leur claustration volontaire. C'est d'abord *À rebours* qui porte à son paroxysme l'aspiration à la retraite présente dès les premiers écrits. Des Esseintes, ermite profane, fait le désert autour de lui par son mode de vie. Le nom de la demeure, « Thébaïde » — en référence à la région d'Égypte où furent les premiers ermites chrétiens —, est en lui-même tout un programme dont la réalisation et les aléas fournissent sa structure à l'œuvre. Dans les récits suivants, les figures érémitiques obéissent à une double loi de permanence et de variation : le projet demeure, mais la montée de la préoccupation religieuse les fait coïncider avec des modes de réclusion intérieurs au christianisme. Les héros retraitants sont alors des hommes de religion, comme celui qu'un tableau possédé par Durtal représente (*LB*; XII-1, 121).

Si Huysmans ne connaît pas de vrais ermites en son temps, il fait découvrir à Durtal dans les cloîtres qu'il visite des hommes et des femmes dont la retraite conventuelle débouche sur une totale ignorance du monde au-delà de la clôture ; chaque fois leur mise en place dans l'économie du récit et les commentaires à leur propos leur donnent valeur de modèles. Le vieillard Siméon, un frère convers de la Trappe qui nous est donné pour un saint et un mystique, « *ne sait probablement pas dans quel temps il vit* » (*Rt*; XIII-2, 164) ; à Chartres, c'est une très vieille carmélite qui s'interdit de regarder ce qu'est un train (elle est entrée au couvent avant d'en avoir vu) quoiqu'on l'y ait autorisée et qu'ils longent le mur même de sa communauté (*C*; XIV-2, 124).

Toutefois l'époque se prête mal à ces vocations ou imaginations, et comme en d'autres domaines chez Huysmans, le Moyen Âge est un terrain plus propice. Aussi la plus belle histoire érémitique se trouve-t-elle dans *Sainte Lydwine de Schiedam* : Gérard de Cologne, contemporain de la sainte, se retire au sommet d'un arbre dans le désert égyptien ; dix-sept ans plus tard, un évêque de passage constate son épanouissement tant physique (la Providence l'a bien nourri) que moral : pour l'accueillir, le visage de l'ermite « *s'irradia en un sourire lumineux d'ange* » (*SLS*; XV-2, 124). C'est sainte Lydwine même qui affirme l'excellence de la vie érémitique en concluant que grâce à sa complète solitude Gérard de Cologne est plus avancé qu'elle dans la voie mystique : « *Il habite seul avec les anges ; aucun être terrestre ne le dérange et il peut s'adonner en toute liberté aux spéculations du Ciel ; il est donc bien naturel qu'il me dépasse dans la voie sublime de la vie contemplative et que je ne puisse toujours l'y suivre.* » (25).

Huysmans étoffe aussi son répertoire de héros retraitants en recourant à une catégorie peu connue : « *[...] une légion d'élite, celle des recluses, de ces femmes qui vécurent la vie érémitique [...].* » (*SLS*; XV-1, 47). Il rappelle ainsi qu'il existait au Moyen Âge à côté de l'église Saint-Séverin « *une petite cellule dans laquelle une femme s'enfermait pour le restant de ses jours* » (*QSS*; XI, 124). Aux neuf recluses volontaires énumérées dans *Sainte Lydwine de Schiedam*, *L'Oblat* en ajoute quinze autres et adjoint à la liste élogieuse de leurs noms l'histoire de cette étrange institution. Elle parle à son imagination une langue qu'elle comprend : « *Pour moi, ce qui m'intéresse surtout, en dehors même de ce fait que, pendant les siècles de ferveur, le summum de la vie contemplative, l'effort suprême de l'âme voulant se fondre en Dieu, se sont sûrement*

produits dans ces geôles, c'est cette ressemblance que je
relève dans la suite des âges, entre les reclus et les oblats. »
(*O*; XVII-1, 180). Durtal et Huysmans ont mis beaucoup d'espoirs
dans l'oblature.

Ces figures érémitiques ont bien valeur de modèle. Elles
sont des images paroxystiques de sécession où s'affirme et se
satisfait une imagination intimiste qu'un fort malaise à vivre
et un désaccord aigu avec son temps exacerbent.

2

MODÈLES SUCCESSIFS DE
L'INTIMITÉ PROTÉGÉE

l'abri domestique

Folantin contemple un jour une péniche sur la Seine, regarde avec envie sa cabine bien peinte et ordonnée; il songe qu'il serait bon de vivre là. La « *rêverie habitante* » (p. 100[9]) peut se couler ainsi dans le moule des béatitudes les plus prosaïques. Ce modèle domestique relève d'une façon d'être et d'imaginer le bonheur dont on a pu dire qu'elles étaient « *une sorte de religion personnelle, matérialiste et douillette, la religion de la pantoufle et du placement sûr qui n'engage rien d'important chez l'individu, mais l'aide à se croire libéré de l'inquiétude, parce qu'il prend sa léthargie pour la paix et son calme pour le bonheur* » (p. 41[10]). Les œuvres antérieures à *À rebours* font une place à cette religion-là.

Quand l'homme huysmansien est contraint de se rendre à des soirées mondaines, il regrette ses pantoufles et son coin du feu (*SV*; III, 258). Le modèle domestique d'intimité protégée est constitué d'aspirations et de jouissances élémentaires, complaisamment évoquées dans les premiers romans : bon feu, bonne lampe, l'ordre et la paix chez soi. C'est un bonheur placide, aidé souvent par l'engourdissement des bonnes nourritures ; dans l'espace du logis bien organisé, l'être repu s'étire sans penser : « *Les jambes déployées, toutes droites, sous la table, le derrière glissé jusqu'au rebord de la chaise, la tête presque appuyée sur le dossier, les mains dans les poches, il reposait, engourdi par la victuaille absorbée et par le vin.* » (*EM* ; IV, 148).

Les nombreux traits de cette sorte sont essentiels à la physionomie des récits qui précèdent *À rebours* ; l'humour perceptible n'interdit pas que l'imagination dont ils relèvent soit à prendre au sérieux ; les romans naturalistes donnent à ce bonheur restreint au domaine du confortable un statut tel qu'il est exclu de n'y voir qu'une fantaisie sans conséquence, illustrée par les images stéréotypées de l'aise flamande. Le premier roman de Huysmans, *Marthe, histoire d'une fille*, se termine par une lettre que Léo, l'un des deux principaux personnages, adresse à un ami ; il lui raconte qu'il s'est marié et qu'il mène désormais en province la vie calme et modeste que voici : « *Je vague, mon ami, au bord d'une rivière, je regarde couler l'eau et je ne pêche pas ! — je me promène et je dors — j'arrose aussi des fleurs, je fume des bouffardes à culottes noires, je bois du vin âpre, je mange des ratas succulents* [...]. » (*M* ; II, 136). En présentant ce bonheur comme l'aboutissement d'une sorte d'éducation sentimentale — car Léo tire de sa vie passée la conclusion que ce « bonheur » seulement est possible — cette lettre donne un statut fort à l'intimité bourgeoise, quelque dérision qui s'y glisse par ailleurs. Dans une pareille conclusion l'influence de Flaubert est patente, mais les œuvres suivantes montrent que Huysmans a vocation pour la subir : le même climat y persiste alors qu'il n'est plus un débutant. Ses personnages sont donc soumis à d'impérieuses « *nécessités de quiétude et de bien-être* » (*EM* ; IV, 134), quelles que soient les différences de leur situation sociale ; les ouvriers des *Sœurs Vatard*, les artistes de *En ménage* (l'écrivain André, le peintre Cyprien), l'employé de bureau Folantin désirent un logis où leur léthargie, fondée sur les jouissances du confort matériel, leur assurerait du même coup le confort moral. La douleur d'André découvrant que sa femme l'a trompé consiste d'abord à voir disparaître « *une intimité d'intérieur à l'aise* » (21); et quelle incitation à renouer lâchement avec sa femme quand il voit son ami Cyprien, longtemps vieux garçon, jouir enfin de cette molle quiétude!

la femme et le célibataire

Ces thèmes prosaïques sont de courte portée. Ils n'ont pu tenir leur rang dans ces récits qu'associés au problème de la femme; cet idéal d'intimité implique sa présence et son action (ménagère et nourricière), au grand dam du célibataire. « *Leur première soirée de noces fut sans pareille : Marthe rétablit l'ordre de la maison, nettoya les tiroirs, mit de côté le linge à repriser, épousseta les livres et les tableaux, et quand il revint pour dîner il trouva bon feu, lampe ne fumant pas comme d'habitude, et, dans son fauteuil, une femme gentiment ébouriffée qui l'attendait, les pieds au feu, le dos à table.* » (*M*; II, 61). Dans ses moments de spleen, même le vieux garçon endurci qu'est Folantin regrette son célibat, l'épouse qu'il n'a pas, jusqu'aux enfants — manquement de taille à la règle de l'univers huysmansien qu'est leur rejet. Mais pour que ces thèmes pussent apporter une contribution suffisante aux romans naturalistes, il fallait que Huysmans leur adjoignît les griefs misogynes, renouant avec la tradition gauloise, les récits médiévaux des *Quinze joies de mariage*, les hésitations où Rabelais fait se débattre Panurge. Les termes du problème sont clairs (et anciens, avec cette différence que l'accent est moins mis sur le cocuage que dans la tradition) : la femme nourrit, nettoie, ravaude, range, elle apaise les sens, l'homme huysmansien pourrait alors jouir de l'intimité d'un logis où son existence s'assure; mais elle est aussi dotée de défauts incompatibles avec ce bonheur, contradiction riche d'hésitations, de conflits, de déceptions.

Les couples de Huysmans sont minés par le désaccord. Berthe méprise André qu'elle juge un écrivain nul puisqu'elle jauge le talent au chiffre de vente des ouvrages; elle lui fait reléguer ses aquarelles impressionnistes que son ancienne maîtresse ne comprenait pas mieux que l'épouse légitime puisqu'elle lâche cette bourde à leur sujet : « *C'est joli, mais pourquoi donc que ce n'est pas terminé ?* » (*EM*; IV, 250) — et cette misogynie demeure après le dépassement du modèle domestique : la femme est « *le plus puissant engin de douleur que Dieu ait donné à l'homme !* » sera-t-il dit dans *En route* (XIII-1, 126). Il faut encore ajouter à ces griefs qu'en deçà même de l'incompréhension morale et intellectuelle, la cohabitation nuit à l'établissement de la quiétude ménagère : la présence de Marthe devient vite insupportable à Léo, car elle dérange ses habitudes de garçon (livres cornés, meubles déplacés); mais son départ le laisse de nouveau désemparé devant les tracas matériels qui sont le calvaire du célibataire huysmansien...

L'imagination de l'intimité domestique associée aux thèmes du célibat, de la femme et de la misogynie, nourrit ainsi les premiers récits auxquels elle donne un ton spécifique; elle procure un matériau à la virtuosité bougonne de l'écrivain; elle est aussi en relation avec ses préoccupations, car l'humour et la dérision n'excluent pas une implication personnelle.

Un motif caractéristique vient étoffer ce débat domestique : les péripéties de l'intimité se déroulent dans un climat pointilleux. Après une séparation de cinq ans, son ancienne maîtresse retrouve André inchangé, « *préparant son infusion de la même manière, échaudant le métal anglais avec l'eau qu'il reversait dans la bouillotte, ouvrant le couvercle fermé de la théière, faisant couler, par ce trou, la pluie noire des feuilles, les inondant enfin à grands flots d'eau chaude* » (*EM*; IV, 253-4). La minutie produit ici une cérémonie dont l'accomplissement soigné, toujours identique, est source de contentement et de sécurité; mais elle a pour contrepartie une égale sensibilité « *aux mille petits riens qui désolent à la longue* » (*M*; II, 62) : contrariétés du linge et du ménage mal tenus, déconvenues alimentaires chez soi ou au restaurant, thèmes mesquins, mais que *À vau-l'eau* exploite magistralement.

le romancier et ses personnages

Aucun des personnages principaux de *Marthe, histoire d'une fille*, des *Sœurs Vatard*, de *En ménage* (et les aspirations du narrateur de *Sac au dos* sont de cet ordre aussi) n'est dépourvu de ces désirs. Cette similitude a d'ailleurs des aboutissements paradoxaux, en appariant insidieusement des personnages que l'auteur nous présente et considère lui-même comme profondément différents. André, écrivain uni au peintre Cyprien « *dans une commune haine contre les préjugés imposés par la bourgeoisie* » (*EM*; IV, 134-5), est doté d'un beau-père chargé d'incarner ceux-ci, un bureaucrate borné et sentencieux; ses rapports avec son gendre et le peintre s'inscrivent dans le traditionnel conflit de l'artiste et du bourgeois; mais somme toute, au-delà de cette opposition, le mode de vie auquel aspire André ne diffère pas beaucoup de celui de ses beaux-parents; Huysmans emploie d'ailleurs pour désigner leur quiétude bourgeoise un terme qui lui est cher, qui sert pour d'autres personnages — et des plus estimables : « *Et ils s'attendrirent tous les deux, pensant que dans ce déluge de misères et de vilenies, ils étaient, dans leur petit ménage, à l'abri comme sur* L'ARCHE. » (112). Terme clé, qui apparente ces personnages caricaturaux à tous les héros huysmansiens en quête d'abri, même au prestigieux des Esseintes à la recherche d'une « *arche immobile et tiède où il se réfugierait* » (*ÀR*; VII, 10).

Devant de telles similitudes, il faut redire après d'autres, sans pour autant faire imprudemment coïncider l'œuvre et l'homme, que Huysmans n'a jamais créé des personnages beaucoup éloignés de lui-même. Pour ces thèmes les identités de l'œuvre et de la correspondance sont nombreuses ; les lettres de Huysmans accordent une place complaisante aux aléas de l'intimité matérielle ; c'est la même veine, la même virtuosité, le même ton où le plaisir de la verve se greffe sur la confidence de souffrances petites mais durement ressenties. En août 1885 il dépeint ainsi à ses amis Landry et Bloy les tracas de son séjour au château de Lourps : « *Pour avoir du pain, il faut mettre une hotte en bas de l'immense avenue seigneuriale [...]. Le boulanger laisse un pain qu'on va chercher le soir même contre argent, la bouchère ne veut pas gravir le coteau où je suis juché.* » (p. 7[5]). L'entrée en matière d'une lettre à Edmond de Goncourt est du même esprit :

Échoué pour dîner, dans un café, ce soir, je demande l'*Écho de Paris* et je me fous des viandes soi-disant saignantes, cuites au court-bouillon, dans de la tôle, et des redoutables vinasses que contient la carte.

Je lis votre *Lorenzo* — cette exquise pépinière de moines délicieux et d'adorables bêtes. L'heure douloureuse est passée grâce à votre relecture [...].   (p. 112[8])

Les témoignages de contemporains attestent chez lui la méticulosité dont hérite Cyprien dans *Les Sœurs Vatard*, irrité que sa maîtresse dérange l'aplomb de ses tableaux.

ambiguïté de l'humour

La présence de ces thèmes et l'importance qui leur est accordée inscrivent au cœur de l'œuvre une contradiction ; l'orientation du projet d'intimité vers une aise bourgeoise est porteuse de gêne car Huysmans n'est pas le père Vatard — « [...] *une odeur de brûlé s'échappait de la cuisine* [...]. *Très mécontent, le père gardait le silence* [...]. » (*SV*; III, 37) — quoique ce dernier soit un peu Huysmans. Le créateur de des Esseintes a la haine et le mépris de l'étroitesse bourgeoise, comme Flaubert et Baudelaire, et il ne peut laisser parler les thèmes prosaïques sans manifester en même temps quelque distance vis-à-vis d'eux, d'où le curieux dialogue qui termine *En ménage*. André, réconcilié avec sa femme, vient de rencontrer Cyprien qu'il n'a pas vu depuis deux mois ; il lui dit son contentement d'habiter désormais un coin tranquille de banlieue ; l'autre le raille et pour moquer la banalité de ce bonheur évoque l'image commune du pavillon qu'entoure un jardinet mesquin : « *Si je vois çà ? mais je te dessinerais, ressemblance garantie, ta maison, sans l'avoir vue !* » (*EM*; IV, 382) ; André peut répliquer sans se laisser troubler ; combien de renoncements préalables cette « réussite » ne suppose-t-elle pas ? Aussi la morale que Cyprien tire de cette histoire établit-elle une distance critique vis-à-vis de ce contentement :

— Ce n'est pas mauvais d'être vidés comme nous le sommes, car maintenant que toutes les concessions sont faites, peut-être bien que l'éternelle bêtise de l'humanité voudra de nous, et que, semblables à nos concitoyens, nous aurons ainsi qu'eux le droit de vivre enfin respectés et stupides !
— Quel idéal ! soupira André.
— Ah ! va, celui-là ou un autre... fit Cyprien [...].   (*EM*; IV, 386)

La lettre où Léo raconte à un ami sa nouvelle vie faisait déjà entendre la même note à la fin de *Marthe, histoire d'une fille* :

Je n'ajouterai pas à ta stupeur en te faisant l'éloge de ma femme ; ne crains rien, je ne te dirai point qu'elle est belle, qu'elle a des yeux de saphir ou de jayet, et que ses lèvres sont cinabrines, non, elle n'est même pas jolie, mais que m'importe ? Ce sera terre à terre que de la regarder, le soir, ravauder mes chaussettes et que de me faire assourdir par les cris de mes galopins, d'accord ; mais comme, malgré toutes nos théories, nous n'avons pu trouver mieux, je me contenterai de cette vie, si banale qu'elle puisse te sembler. (*M* ; II, 140)

Curieux plaidoyer, plus proche de la charge et du réquisitoire. On y entend ce que Léon Daudet appelait « *une note d'amertume comique bien caractérisée* »[11], et Huysmans lui-même un « *rire noir* » (p. 82[12]).

Jusqu'à l'époque de *À rebours* ces médiocrités, ces plates réussites, ces contentements de vaincu sont sa matière favorite ; il stylise dans le sens de la veulerie et de l'affaissement, mais son attitude est complexe : elle mêle la jouissance morose de l'amertume, une aspiration sincère à l'existence quiète et sa dépréciation par une dérision insistante ; on sait que « *l'imagination qui plaisante a trouvé un compromis avec le refoulement* » (p. 321, n. 19[9]) ; la distance humoristique ne peut cacher que l'imaginaire huysmansien est sérieusement engagé dans ces modalités prosaïques. Huysmans s'adonne donc aux rêveries de l'intimité bourgeoise tout en en percevant bien les limites et en en ressentant de l'écœurement. Le tour de force de *À vau-l'eau* épuisait d'ailleurs ce matériau restreint ; ces thèmes mesquins ne devaient plus subsister qu'en arrière-plan, en motifs dispersés. Le développement de l'œuvre exigeait un dépassement, sous peine de redite. D'autres modèles intimistes vont succéder à celui-là.

l'ermitage esthétique

Avec *À rebours*, paru en 1884, Huysmans commence à prendre ses distances à l'égard du mouvement naturaliste. Le renom de l'œuvre doit beaucoup aux excentricités de des Esseintes : orgue à liqueurs, tortue parée de pierreries, symphonie de parfums, etc.. Elle est aussi un manifeste d'une sensibilité nouvelle dont Huysmans énumère les initiateurs et les représentants avec une grande sûreté de goût : Poe, Baudelaire, Barbey d'Aurevilly, Flaubert, les Goncourt, Zola dans *La Faute de l'abbé Mouret*, Verlaine, Tristan Corbière, Villiers de L'Isle-Adam, Mallarmé, et pour les peintres, Gustave Moreau et Odilon Redon. *Là-bas*, paru en 1891, achève la rupture avec le Naturalisme. Les modalités de l'imagination d'intimité sont prises dans cette évolution ; le projet de retraite demeure en s'orientant vers un modèle nettement différent.

Son émergence coïncide donc avec l'apparition de des Esseintes, l'esthète étrange, richissime et raffiné, et avec celle de l'écrivain Durtal qui demeurera l'unique personnage principal jusqu'au dernier roman, *L'Oblat*. Si *Les Sœurs Vatard* et *En ménage* avaient déjà mis en scène des artistes en désaccord avec leur temps, la part faite au prosaïsme reléguait au second plan les préoccupations d'art. Désormais, avec des Esseintes et Durtal la recherche d'intimité, sans rompre tous ses liens avec les thèmes matériels, s'accomplit essentiellement dans le domaine artistique et spirituel : la contemplation esthétique et les recherches d'une imagination sophistiquée supplantent les jouissances du confort.

Tout en rapprochant des Esseintes de Folantin parce que tous deux aspirent à la paix d'une retraite protégée, Huysmans souligne en même temps la différence qui les sépare : « [...] *j'y voyais un peu un pendant d'*À vau-l'eau *transféré dans un autre monde ; je me figurais un monsieur Folantin, plus lettré, plus raffiné, plus riche et qui a découvert, dans l'artifice, un dérivatif au dégoût que lui inspirent les tracas de la vie et les mœurs américaines de son temps* [...]. » (*ÀR* ; VII, Préface, XI). Employé pauvre (tandis que dans *À rebours* Huysmans se libère du souci de vraisemblance et dote son personnage d'une fortune inépuisable), Folantin ne s'intéresse

41

qu'aux « *choses de la vie réelle* » (*ÀV*; V, 37) en matière d'art, aussi ses recours contre leurs agressions ne peuvent-elles que se situer sur le même plan : celui des agréments matériels. En revanche, dans *À rebours*, la riposte aux imperfections de l'existence est intellectuelle; si des Esseintes use d'objets, c'est de façon méditée et le plus souvent pour des usages détournés par une « *captieuse déviation* » (*ÀR*; VII, 33) où l'imagination est maîtresse. Il lui faut bien sûr un logis qui remplisse son rôle protecteur, mais le sien est aussi un produit du rêve, une machinerie à le susciter, à la mesure d'une tentative pour suppléer à tout par le recours à l'art et à l'artifice. Ici l'imagination s'oriente vers un espace tel que « *La Chambre double* » de Baudelaire : plus qu'un lieu matériel « *une chambre véritablement spirituelle* »[13].

Huysmans a établi lui-même un lien explicite entre *À rebours* et *Là-bas* : Gilles de Rais, dont Durtal reconstitue et revit l'existence et le procès, est un « *des Esseintes du quinzième siècle* » (*LB*; XII-1, 77). Mais il existe entre ces deux œuvres une identité plus profonde, qui touche à l'être même de Durtal; si celui-ci n'est pas engagé dans l'installation d'une extraordinaire retraite dont les aménagements nous seraient présentés comme réels, l'ensemble de ses curiosités et de ses songeries centrées sur le personnage de Gilles tend à constituer une thébaïde imaginaire; de même, si sa pensée rôde autour de la religion catholique, qu'elle ne dissocie déjà plus d'une image mythique du Moyen Âge, c'est qu'il lui semble pouvoir s'y « *perdre dans le ravissement, hors des distances, hors des mondes, à des hauteurs plus inouïes; puis elle agissait encore sur Durtal, par son art extatique et intime* » (22); art et ravissement, c'est aussi le programme de *À rebours*, où la demeure du héros recèle en fait de livres, de tableaux et d'estampes, ce qu'il juge être le meilleur. Jamais dans ses récits précédents Huysmans n'avait accordé une telle place au monde des œuvres d'art (il les décrit, il les transpose, il les commente; en tête de *Là-bas* sont les célèbres pages sur la *Crucifixion* de Cassel, du peintre Grünewald). C'est bien un modèle esthétique qui s'affirme et prévaut ici.

L'aspiration à s'écarter d'autrui influence fortement cet idéal. Aucune œuvre réaliste ou impressionniste n'orne les murs de la thébaïde, et cette exclusion est explicitement motivée par le désir qu'a des Esseintes de rompre avec le monde contemporain : « *Après s'être désintéressé de l'existence contemporaine, il avait résolu de ne pas introduire dans sa cellule des larves de répugnance ou de regrets; aussi, avait-il voulu une peinture subtile, exquise, baignant dans un rêve ancien, dans une corruption antique, loin de nos mœurs, loin de nos jours.* » (*ÀR*; VII, 20). Conformément à ce principe de rupture, Huysmans a soin de n'évoquer le dandysme de son personnage qu'au passé; c'est une attitude révolue quand son héros décide de s'installer dans sa retraite de Fontenay-aux-Roses, car le vrai dandy a besoin des autres pour les étonner, comme le rappelait Barbey d'Aurevilly en réhabilitant la vanité dans son traité *Du Dandysme et de George Brummell*. Des Esseintes est un héros solitaire, loin des mondains excentriques, et de même que l'esthète pare sa demeure pour s'y enfermer seul et non pour attirer vers lui visites et curiosité, de même Durtal n'habite pas en pensée le Moyen Âge de Gilles de Rais pour revenir en communiquer la connaissance à un quelconque public : « [...] *les rares artistes qui restent n'ont plus à s'occuper du public; ils vivent et travaillent loin des salons, loin de la cohue des couturiers de lettres; le seul dépit qu'ils puissent honnêtement ressentir, c'est, quand leur œuvre est imprimée, de la voir exposée aux salissantes curiosités des foules!* » (*LB*; XII-2, 109). L'héritage baudelairien est net dans cette conception aristocratique de l'art et ce mépris des foules, comme aussi dans l'affirmation systématique que l'artifice et l'art sont toujours supérieurs à la nature ; mais il se produit une captation partielle et originale de cette esthétique par le projet d'intimité. Ici, et en particulier chez des Esseintes, les choix du goût (celui de Mallarmé par exemple) ont pour fonction de réaliser un domaine véritablement privé : « *Ces vers, il les aimait comme il aimait les œuvres de ce poète qui, dans un siècle de suffrage universel et dans un temps de lucre, vivait à l'écart des lettres, abrité de la sottise environnante par son dédain, se complaisant loin du monde, aux surprises de l'intellect, aux visions de sa cervelle* [...]. » (*À R*; VII, 297). Quand Huysmans parle des artistes qu'il aime, il insiste chaque fois sur la distance volontaire de leur œuvre et de leur vie à l'égard du siècle. Inversement, l'adhésion d'un large public lui gâche même les grandes œuvres : « [...] *si le plus bel air du monde devient vulgaire, insupportable dès que le public le fredonne, dès que les orgues s'en emparent, l'œuvre d'art qui ne demeure pas indifférente aux faux artistes, qui n'est point contestée par les sots, qui ne se contente pas de susciter l'enthousiasme de quelques-uns, devient, elle aussi, par cela même, pour les initiés, polluée, banale, presque repoussante.* » (153). Ainsi de Rembrandt et de Goya pour des Esseintes. Les œuvres « rares », comme dit Huysmans, sont alors appréciées parce que les contempler et les aimer sépare au lieu de rattacher par une admiration partagée. La singularité des sujets abordés dans *Là-bas* (satanisme, occultisme, « campanologie » c'est-à-dire usage et symbolique des cloches) assure le même écart, et l'entente entre Carhaix, des Hermies et Durtal qui en débattent savamment prend figure d'entente entre initiés.

la demeure-musée, le monde imaginaire

Des Esseintes remplace le monde qu'il abhorre par un univers qui lui est propre. Il fait de sa demeure un musée à son usage, au service d'une pratique dont on trouve l'ambition formulée aussi dans *Certains,* quand Huysmans y glorifie les « *êtres d'exception, qui retournent sur les pas des siècles et se jettent par dégoût des promiscuités qu'il leur faut subir, dans les gouffres des âges révolus, dans les tumultueux espaces des cauchemars et des rêves* » (*Cert.*; X, 20). Son choix est éclectique, il orne sa demeure d'œuvres de Jan Luyken, graveur hollandais du XVIᵉ siècle, du Greco, de Bresdin, de Gustave Moreau. L'éloge de ce dernier montre bien que le but primordial est de constituer, hors du temps, loin des contemporains, un espace où vivre deviendrait enfin supportable :

> Dans l'œuvre de Gustave Moreau, conçue en dehors de toutes les données du Testament, des Esseintes voyait enfin réalisée cette Salomé, surhumaine et étrange qu'il avait rêvée. [...]
> Ainsi comprise, elle appartenait aux théogonies de l'Extrême-Orient ; elle ne relevait plus des traditions bibliques, [...].
> Le peintre semblait d'ailleurs avoir voulu affirmer sa volonté de rester hors des siècles, de ne point préciser d'origine, de pays, d'époque, en mettant sa Salomé au milieu de cet extraordinaire palais d'un style confus et grandiose [...].   (*À R*; VII, 84)

Ornés de pareilles œuvres, les murs de sa thébaïde deviennent un écran protecteur fait de rêves. Le syncrétisme et le caractère inactuel de leurs scènes et de leurs sites lance l'imagination dans les passés mythiques où elle peut s'établir à l'aise. Le même goût reparaît dans *Là-bas* pour l'éloge du décor intérieur de Notre-Dame de Fourvières : « — [...] *le plus extraordinaire mélange d'Assyrien, de Roman, de Gothique, tout un je ne sais quoi, inventé, plaqué, rajeuni, soudé, par Bossan, le seul architecte qui ait, en somme, su élever un intérieur de cathédrale, depuis cent ans ! [...] C'est asiatique et barbare ; cela rappelle les architectures que Gustave Moreau élance, autour de ses Hérodiades, dans son œuvre.* » (*LB*; XII-2, 201-2). Le premier rêve de Jacques Marles, dans *En rade,* dresse un décor similaire, et le rêveur, une fois éveillé, tâche de rejoindre cet espace onirique en commençant d'abord — attitude caractéristique — par fermer les yeux pour s'abstraire :

> Où, dans quel temps, sous quelles latitudes, dans quels parages, pouvait bien se lever ce palais immense [...]?
> Il errait dans les propos antiques, dans les vieilles légendes, choppait dans les brumes de l'histoire, se représentait de vagues Bactrianes, d'hypothétiques Cappadoces, d'incertaines Suzes, imaginait d'impossibles peuples sur lesquels pût régner ce monarque rouge, tiaré d'or, grénelé de gemmes. *(Rd*; IX, 57)

Mais avec *Là-bas* l'imagination huysmansienne renforce son établissement dans un monde imaginaire en centrant son effort sur le Moyen Âge, un support qu'elle n'abandonnera jamais ensuite. Quel Moyen Âge? Celui des tableaux de Grünewald, un temps insolite où le satanisme se mêle à la piété des foules, où Gilles de Rais seconde Jeanne d'Arc aux armées avant de se consacrer au Diable dans son repaire de Tiffauges. Il faut juger son Moyen Âge à la lumière de cette réflexion de *À rebours* :

> En effet, lorsque l'époque où un homme de talent est obligé de vivre, est plate et bête, l'artiste est, à son insu même, hanté par la nostalgie d'un autre siècle [...].
> [...] De confus désirs de migration se lèvent [...]. Il se rappelle des souvenirs d'êtres et de choses qu'il n'a pas personnellement connus, et il vient un moment où il s'évade violemment du pénitencier de son siècle et rôde, en toute liberté, dans une autre époque avec laquelle par une dernière illusion, il lui semble qu'il eût été mieux en accord.
> *(ÀR*; VII, 273)

Somme toute, il y avait encore bien du matérialisme chez des Esseintes qui recourait au dérèglement volontaire des sens (fausse perception de la mer, visions de paysages suscitées par une orchestration savante de parfums); *Là-bas* inaugure une pratique plus abstraite, expliquée dans un long passage où

Huysmans — plaidoyer *pro domo* — dénie toute chance de véracité à l'histoire :

> À l'heure actuelle, dans le raclage têtu des vieux cartons, l'histoire ne sert plus qu'à étancher les soifs littéraires des hobereaux qui préparent ces rillettes de tiroirs auxquelles l'Institut décerne, en salivant, ses médailles d'honneur et ses grands prix.
> Pour Durtal, l'histoire était donc le plus solennel des mensonges, le plus enfantin des leurres [...]. La vérité, c'est que l'exactitude est impossible, se disait-il ; comment pénétrer dans les événements du Moyen Âge, alors que personne n'est seulement à même d'expliquer les épisodes les plus récents, les dessous de la Révolution, les pilotis de la Commune, par exemple ? Il ne reste donc qu'à se fabriquer sa vision, s'imaginer avec soi-même les créatures d'un autre temps, s'incarner en elles, endosser, si l'on peut, l'apparence de leur défroque, se forger enfin, avec des détails adroitement triés, de fallacieux ensembles.

(LB ; XII-1, 31)

Logis fastueux de Tiffauges, procès solennel de Gilles de Rais, tels sont dans *Là-bas* quelques-uns de ces ensembles factices et salvateurs qui assurent à l'intimiste une retraite esthétique ; « [...] *il n'y a que cela de bon, le reste est si vulgaire et si vide !* » (*LB* ; XII-1, 187) s'exclame Durtal, pour mieux s'autoriser à laisser vagabonder sa pensée. Ce Moyen Âge mythique devient pour lui une terre d'asile. À partir de ce moment Huysmans jugera souvent la qualité d'une œuvre selon le pouvoir qu'elle a de l'arracher au temps présent et de l'aider à constituer ce domaine d'élection : d'une lithographie d'Odilon Redon il affirme que « *cette figure ramène à travers les siècles, par l'expression profonde, unique des traits, aux œuvres dolentes du Moyen Âge* » (*Cert.* ; X, 138) ; de sa part c'est un très grand compliment.

    « *Il faut que je me réjouisse au-dessus du temps* » dit l'épigraphe de *À rebours*, le livre de la demeure-musée ; *Là-bas*, le livre du Moyen Âge mythique, reprend en écho : « *il n'y a de bonheur que chez soi et au-dessus du temps* » (*LB* ; XII-1, 26). Ses recours sont exclusivement esthétiques, avant que, dans un mouvement qui coïncide avec la conversion et les expériences nouvelles qu'elle déclenche, le projet d'intimité se forge un dernier modèle de vie protégée.

le havre monastique

Chacun des trois romans catholiques de Huysmans accorde une place importante à un monastère, désigné par un nom réel ou inventé : *En route* évoque la Trappe de Notre-Dame de l'Atre, *La Cathédrale* fait souvent mention de l'abbaye de Solesmes, *L'Oblat* décrit la vie du monastère bénédictin du Val des Saints[14]. Après *Là-bas*, Durtal est donc un rêveur et un visiteur assidu de cloîtres. Cette orientation du projet d'intimité coïncide avec la conversion de Huysmans, accomplie durant les années 1891 et 1892 : il rencontre l'abbé Mugnier, vicaire de Saint-Thomas d'Aquin, le 28 mai 1891 ; il visite la Salette avec l'abbé Boullan au mois de juillet de la même année ; un an plus tard, il fait son premier séjour à la Trappe de Notre-Dame d'Ygny, il s'y confesse et il y communie. Le 14 septembre 1893 le journal *Le Matin* publie sous le titre « En route » ses réponses aux questions d'un journaliste :

— Vous avez conservé dans votre volume...
— Deux divisions : Paris-La Trappe, et c'est assez [...]
— Votre idée, en écrivant ?...
— Établir un parallèle entre les prêtres et les moines — tout en faveur des seconds du reste. (*JRt*, 281)

Le cloître devient donc à partir de *En route* le lieu où Durtal aspire à vivre ou séjourne. S'il hésite, s'il se formule à lui-même maintes objections, sa rêverie s'y attache avec complaisance comme à un havre idéal : « [...] *alors, il se suscitait le rêve de la vie monacale, la souveraine beauté du cloître ;*

[...] *il évoquait les solennelles liturgies du temps de saint Benoît, il voyait la moelle blanche des chants monastiques monter sous l'écorce à peine taillée des sons! Il parvenait à s'emballer, se criait : tu as rêvé pendant des années, sur les cloîtres, réjouis-toi car tu vas enfin les connaître!* » (*Rt*; XIII-1, 241). Expression typique du rêve monastique huysmansien; son rôle est essentiel dans les romans catholiques; la tristesse de *L'Oblat* (huit ans après *En route*) confirme sa puissance d'attraction par l'ampleur du désenchantement. Durtal envisage même de fonder un nouvel ordre régulier, plus propice aux besoins d'intellectuels et d'artistes.

Le désaccord avec le siècle, la difficulté à vivre donnent à ce rêve son impulsion. Pour cette raison il apparaît même avant la foi, et se poursuit tel quel après la conversion; la croyance et la culture religieuse n'y changent rien; ainsi vante-t-il dans *L'Oblat* la chance des tout jeunes novices entrés au cloître sans avoir connu grand-chose de l'existence, parce qu'il voit en eux des êtres « *abrités dans une admirable serre, sur un terreau préparé, loin des gelées et à l'abri du vent* » (*O*; XVII-1, 90). L'empreinte du projet d'intimité sur la vision du cloître est forte et constante. La clôture monacale offre un espace de sécession pour une existence protégée. Le couple antithétique ouvert/fermé en organise la vision et détermine les métaphores significatives du filtre, de la cloison étanche : « *Il semblerait vraiment que le cloître a filtré l'eau du regard qui était trouble auparavant, qu'il l'a débarrassée des raviers qu'y déposèrent les images du monde.* » Huysmans-Durtal voit dans les religieux et religieuses des êtres avisés qui « *ont compris la scélératesse de la lutte pour la vie, l'immondice des accouplements, l'horreur des gésines, c'est, en somme, l'honneur du pays sauf* » (*Rt*; XIII-2, 8). Leur monde s'édifie hors de l'humain et plutôt contre lui. Paradoxalement, l'état monastique ainsi conçu n'est plus un renoncement mais un bénéfice total qui assure — jusqu'à la déconvenue de *L'Oblat* — la facilité de vivre :

> Il s'exaltait, en pensant aux monastères. Ah ! être terré chez eux, à l'abri des mufles, ne plus savoir si des livres paraissent, si des journaux s'impriment, ignorer pour jamais ce qui se passe, hors de sa cellule, chez les hommes ! — et parfaire le bienfaisant silence de cette vie murée, en se nourrissant d'actions de grâces, en se désaltérant de plainchant, en se saturant avec les inépuisables délices des liturgies !
>
> (*Rt* ; XIII-1, 107)

C'est un repliement plutôt qu'un élan, mais Huysmans n'est pas dupe et utilise d'ailleurs en romancier, comme un matériau du monologue intérieur, cette finalité égoïste et frileuse ; certes, il s'est abandonné à de telles rêveries, mais il sait aussi les juger et prête sa lucidité à son personnage ; Durtal perçoit bien la lâcheté de son rêve monastique quand l'aspiration intimiste le détermine trop exclusivement : « *Il pouvait se l'avouer, ce désir momentané de croire pour se réfugier hors des âges sourdait bien souvent d'un fumier de pensées mesquines, d'une lassitude de détails infimes mais répétés, d'une défaillance d'âme transie par la quarantaine, par les discussions avec la blanchisseuse et les gargotes, par des déboires d'argent, par des ennuis de terme.* » (*LB* ; XII-1, 21).

Le modèle monastique possède ainsi un statut ambigu où complaisance et jugement critique se mêlent. Durtal a conscience qu'il lui faudra changer durement sa vie en se convertissant, même s'il ne se fait pas moine, et le cloître, sans perdre son caractère de refuge, apparaît aussi dans *En route* comme un lieu de dépassement de soi dans la mystique et vers la sainteté ; Durtal y souffre les tourments d'une conscience malheureuse, la honte fait de sa confession une dure épreuve.

Toutefois, aussi complexe que soit la spiritualité huysmansienne, on y retrouve toujours, avec des degrés d'idéalisation variés, un rêve monastique qui met l'accent sur le confinement protégé, aspiration essentielle, quels que soient par ailleurs les tourments dont les œuvres catholiques font leur pâture (agressions diaboliques, sécheresse d'âme, remords de n'être pas un saint, cheminement éprouvant des mystiques). Même un dolorisme marqué n'annihile pas les désirs qu'exprime le rêve d'un asile, et l'égotisme intimiste reste ainsi un principe organisateur de l'univers huysmansien.

un refuge fortifié par la foi

L'image du cloître comme asile, apparue avant la conversion, ne prend toute son importance qu'à cause de cette étape capitale de la vie de Huysmans. Le modèle monastique est en effet le mieux affirmé des modèles d'intimité protégée : il est rendu viable par la foi. Même si la complaisance de la rêverie et l'imperfection des monastères réels creusent un abîme entre le rêve et la réalité, le projet d'intimité bénéficie désormais du secours d'une institution qui lui devient un précieux point d'appui. Les cloîtres offrent alors au désir de confinement dans une thébaïde matérielle et spirituelle leur espace réel, leur liturgie, leur culture, que la conviction de la foi authentifie. Sont donc éliminés les faiblesses et les périls de l'artifice, évoqués par Maurice Garçon à propos de *À rebours* : « *Sans doute il était passé dans le spirituel mais un spirituel imaginaire et de fabrique. C'était une évasion déjà mais un peu vaine et de nouveau il apercevait un mur. Les fantasmes sont des créations brillantes qui s'éteignent comme des fusées et ne conduisent à rien. À poursuivre des chimères, on se désespère, si l'on sait que la course entraîne vers un but aussi vain que le reflet d'un miroir.* »[15].
L'illusion volontaire systématisée par des Esseintes est en effet nécessaire à la constitution de son ermitage profane ;

mais sa vacuité peut-elle donner longtemps le change ? L'entreprise de *À rebours* ne nous est d'ailleurs pas donnée pour viable ; des Esseintes échoue et il lui faut, perdu de rage, rejoindre un monde qu'il abhorre. Sa méthode comporte un principe d'échec que *La Retraite de Monsieur Bougran* met en évidence. Bougran, employé de ministère contraint de prendre sa retraite, reconstitue chez lui le bureau et l'activité administrative qui ont été jusqu'alors toute sa vie ; c'est bien toujours une « thébaïde », aussi médiocre soit-elle, où l'artifice est roi ; mais au bout d'un mois « *un malaise d'âme le prit* [...] *Au fond, il sentait maintenant la comédie qu'il se jouait* [...] *Et puis... et puis... d'autres trous se creusaient dans le sol factice de cette vie molle* » (*RMB* ; 53-4).

La pratique religieuse à laquelle Durtal se soumet élimine la mollesse et la facticité : le calendrier liturgique structure son temps, oriente sa méditation, et quand il va quitter la Trappe il est stupéfait de son bon accord avec ce monde, pourtant si nouveau pour lui :

C'est curieux, je m'y découvre attaché par d'obscurs liens ; il me remonte, lorsque je suis dans ma cellule, je ne sais quelles souvenances de famille ancienne. Je me suis aussitôt retrouvé chez moi, dans un lieu que je n'avais jamais vu ; j'ai reconnu dès le premier instant une vie très spéciale et que j'ignorais néanmoins. Il me semble que quelquechose qui m'intéresse, qui m'est même personnel, s'est passé, avant que je ne fusse né, ici. Vraiment, si je croyais aux métempsycoses, je pourrais m'imaginer que j'ai été, dans les existences antérieures, moine... [...].

(*Rt* ; XIII-2, 298-9)

Alors que des Esseintes et Bougran voient leurs artifices leur refuser peu à peu l'illusion bénéfique, Durtal-Huysmans ressent la force de cet appui qu'il vient de trouver sur le mode du déjà vu, du retour dans une patrie perdue, « reconnaissance » qui est un gage de durée.

la fixation monastique

L'œuvre tend désormais à se circonscrire dans ce domaine : Durtal séjourne dans un cloître ou dans son voisinage immédiat. La seconde partie de *En route* qui relate son séjour à la Trappe de Notre-Dame de l'Atre a pour seul décor l'espace restreint de la clôture monastique. Le Durtal de *L'Oblat* est installé à proximité du monastère du Val des Saints, et hormis trois brefs récits de voyage à Dijon, l'œuvre est centrée sur la communauté bénédictine ; les fêtes religieuses ponctuent le récit, nous circulons dans les différentes parties de l'abbaye (même les débarras ne nous sont pas épargnés), des passages didactiques sur le plain-chant, les différents ordres conventuels et l'oblature complètent ce tour d'horizon. Ailleurs, à défaut d'enceinte monastique un territoire sacré s'offre au repli de l'intimiste : le Durtal de *La Cathédrale*, qui loge à côté de Notre-Dame de Chartres se meut physiquement et spirituellement dans son espace. Quant aux *Foules de Lourdes*, l'itinéraire de Huysmans s'y développe essentiellement à l'intérieur du territoire marial ; le sujet du livre l'imposait, mais quel avantage qu'un tel sujet qui mène à s'installer derrière les grilles d'un sanctuaire !

Le rassemblement d'un vaste savoir sur l'univers conventuel, la place qui lui est dévolue dans l'œuvre constituent aussi un espace mental où se clore. En même temps, certes, Huysmans veut favoriser une renaissance catholique en remettant en honneur un savoir monastique et symbolique qu'il estime injustement oubliés : heureuse coïncidence du prosélytisme et du projet intimiste ; à partir de *En route* il devient donc un connaisseur érudit des cloîtres, il les recense, il explore leur histoire et leurs ramifications. Le recueil *De tout* n'est pas aussi divers que son titre le laisserait supposer : sur vingt-sept textes, dix sont consacrés en partie ou en totalité à des lieux ou à des ordres monastiques, et treize établissements passés ou contemporains sont ainsi répertoriés.

L'érudition fait bon ménage avec la rêverie car ce savoir précis et sérieux sur les cloîtres n'exclut pas l'abandon complaisant au rêve du havre ; un support très modeste suffit :

Parfois certains monuments les requéraient, tels que la maison de force située rue Sainte-Thérèse, près du Palais de Justice. À coup sûr, ils étaient peu imposants ces édifices, mais, en raison de leur origine, ils pouvaient servir de tremplins à de vieux rêves. Les murs de la prison avaient je ne sais quoi, dans leur forme haute et rigide, dans leur aspect net et rangé qui décelait le mur de clôture élevé par un Carmel.

(C ; XIV-1, 278)

L'érudition renoue même avec des sollicitations de l'imagination chères à des Esseintes ; c'est dans cet esprit que Durtal entreprend de reconstituer dans son jardin le parterre décrit dans un poème par un moine du IXe siècle :

Ce parterre plus ou moins attrayant par ses couleurs et par ses formes n'est pour moi qu'un tremplin de saut en arrière, qu'un véhicule reculé de songes. Je suis parfaitement homme à m'imaginer, en le regardant, le bon Abbé Bénédictin Walahfrid, taillant et arosant ses élèves, faisant un cours de botanique médicale et céleste à des moines de rêve, à des saints, au milieu d'un site enchanté, dans une abbaye idéale dont l'image à l'envers court, ridée par la brise, dans le miroir azuré d'un lac. (O ; XVII-1, 108)

Cette imagination dont l'écrivain s'enchante sans en être dupe reste toujours sous-jacente à l'enquête savante sur les cloîtres.

Huysmans aime se raconter l'histoire de fondateurs d'ordres : instituer une clôture, édifier un monastère après maintes errances. Lui-même ne caresse-t-il pas dans L'Oblat le projet d'établir une institution qui ne le décevrait pas ? Quand il médite sur l'oblature du sculpteur médiéval Claus Sluter dont il a vu des œuvres à Dijon, quand il remonte aux origines de cette institution et en inventorie d'autres qui lui ressemblent, tels les béguinages des Flandres — leurs « *minuscules maisons dans lesquelles chacun séjourne chez soi* » (*O*; XVII-2, 142) sont un sujet de ravissement pour l'intimiste —, il cherche des modèles pour réaliser son vieux rêve :

> Il me semble pourtant, ruminait Durtal, qu'en transférant ce système semi-monastique des femmes chez les hommes, il y aurait quelque chose à entreprendre.
> Le cadre, aisément, on l'imagine dans une grande cité, telle que Paris, une villa comme il en existe pour les sculpteurs et pour les peintres, au boulevard Arago ou dans la rue de Bagneux, par exemple, des allées fleuries, bordées de maisonnettes et d'ateliers ; il serait facile d'installer au fond, des salles communes et un oratoire et cela suggérerait assez bien l'idée d'une miniature de couvent, d'un petit institut de Béguins ou de laïques Bénédictins.   (*O*; XVII-2, 146)

C'est l'ultime moyen d'atteindre peut-être le bonheur entrevu jadis à la Trappe de *En route*, où la claustrophilie huysmansienne trouvait pour ses désirs et ses rêves, la caution et l'appui de la religion : « *Ah ! se dit-il, le bonheur consiste certainement à être interné dans un lieu très fermé, dans une prison bien close, où une chapelle est toujours ouverte.* » (*Rt*; XIII-2, 167).

excellence mythique des cloîtres

Huysmans a conçu la société monastique comme une société idéale dont l'image s'est construite à rebours des inquiétudes que lui causait la France. Au monastère la question sociale est résolue, explique le Prieur de la Trappe :

> Le salaire n'existant plus, toutes les sources des conflits sont supprimées.
> Chacun besogne suivant ses aptitudes et suivant ses forces [...]
> J'ajoute que l'égalité dans nos cloîtres est telle que le prieur et l'abbé n'ont aucun avantage de plus que les autres moines.   (*Rt*; XIII-2, 287-8)

L'organisation monastique lui parut aussi, dans un premier temps, capable de remédier aux difficultés des rapports humains; la règle est présentée dans *En route* comme un obstacle efficace aux dommages inhérents chez Huysmans à tout rapport avec autrui; tout en les maintenant — et les dangers de la solitude auxquels des Esseintes succombait sont ainsi exclus — elle les distend et les épure de sorte qu'ils sont supportables et même parfois délectables; Durtal épilogue ainsi sur l'amitié qu'il devine, sans plus, chez un frère de la Trappe : «*Au fond, ruminait-il, cette réserve absolue ne rend-elle pas notre amitié plus parfaite; elle s'estompe dans un éternel lointain, reste mystérieuse et inassouvie, plus sûre.* » (167).

L'excellence, dont le modèle monastique est doté, est forte au point d'influencer les critères esthétiques : à Chartres comme au musée de Dijon Durtal prête davantage attention à tout ce qui lui semble avoir rapport au cloître. Remarque-t-il au porche de la cathédrale chartraine une statue de jeune homme, il se plaît à penser qu'elle représente un moine, car c'est une belle « *œuvre d'âme chaste et joyeuse* » (*C*; XIV-2, 93). L'appartenance au monde claustral est pour Huysmans une raison et un critère de qualité. S'il apprécie beaucoup les peintres flamands du XVᵉ siècle, il les place tout de même au-dessous de Fra Angelico : « [...] *il fallait un moine pour tenter cette peinture.* » (XIV-1, 243).

Pour lui « *la véritable Église, ce fut donc celle du Moyen Âge, et l'Église du Moyen Âge, ce fut celle des cloîtres. L'identification — ou la réduction — ou la confusion, dès lors sera constante* »¹⁶. Son adhésion sélective au catholicisme se porte exclusivement vers le clergé régulier, « *le clergé séculier ne peut être qu'un déchet* » (*Rt*; XIII-1, 72). Les mauvais prêtres, indifférents, incultes ou pédants, traîtres à l'Église et même persécuteurs de la sainteté sont fréquents dans ses livres catholiques¹⁷. En revanche, la louange des monastères y est intense, voire hyperbolique, et réitérée : c'est là que vivent les rares saints de l'époque moderne, et dans certaines cérémonies l'ordre de saint Benoît atteint « *l'altitude absolue de la liturgie et de l'art* » (*O*; XVII-2, 26), réalise « *le bond le plus violent qui se puisse rêver de la terre dans l'infini !* » (*C*; XIV-2, 10).

Quand Huysmans prétend mettre sur le même plan les enseignements symboliques de sainte Mechtilde, qui vécut au XIIIᵉ siècle, et ceux de Catherine Emmerich, morte en 1824, il justifie sa pratique par cette argumentation : « *Or, qu'est-ce que l'espace, le passé, le présent quand il s'agit de Dieu ? — elles étaient des tamis par lesquels se blutaient ses grâces ; dès lors, que ces instruments datent d'hier et d'aujourd'hui, peu me chaut ! La parole de Notre-Seigneur est au-dessus des ères ; son inspiration souffle où et quand il veut.* » (*C*; XIV-2, 46). Ce n'est pas seulement l'affirmation de l'éternité de la parole divine ; ces propos disent l'hostilité contre le temporel d'un être qui cherche à s'édifier hors de l'histoire. L'homme huysmansien ne rejoint dans la catholicité que ce qui peut servir ce projet. Son Moyen Âge est un temps immobile, coupé de toute antériorité, dont jamais l'homme n'aurait dû s'éloigner. Restaurer l'oblature « *ne serait nullement, ainsi que des gens se l'imaginent, une nouveauté, mais bien au contraire une régression, presque un retour aux premiers temps du monachisme où chaque moine résidait dans une hutte distincte* » (*O*; XVII-2, 142) ; le terme de *régression* — sans acception péjorative, bien au contraire — inclut la temporalité, mais c'est pour l'annuler. Aussi profonde et diversifiée que soit la foi huysmansienne, elle ne rompt jamais avec cette évidence première : Durtal « *était pourtant bien obligé de se dire qu'au moins l'Église recueillait, dans ces désastres, les épaves, qu'elle abritait les naufragés, les rapatriait, leur assurait enfin un gîte* » (*Rt*; XIII-1, 41). Jaurès ne se trompait donc pas en écrivant, un mois après la parution de *En route* :

« *Les uns se précipitent dans la mêlée socialiste pour en finir avec un monde ignominieux* [...] *Les autres, comme Huysmans, dédaigneux et meurtris, se réfugient de cœur et de pensée dans le cloître, dans la grande paix ardente du moyen âge mystique.* »[18].

Huysmans fondateur d'ordre ?

La correspondance de Huysmans atteste le rôle que le besoin d'un asile tint dans sa conversion. Il confie le 23 mai 1891, à Arij Prins : « *Tout est si nul, tout est si bête, que ce refuge dans une foi, serait un véritable havre !* » (*JRt*, 236). Comme Durtal dans *L'Oblat*, il a caressé le projet d'instituer un ordre qui aurait rassemblé des écrivains et des artistes désireux comme lui de se retirer du monde sans pour autant renoncer à leur liberté et à leur activité. Cette idée d'un « *petit cloître laïque* [...] *composé de savants et d'artistes* » (*O*; XVII-2, 139-40) mise au compte de Durtal lui fut un projet cher. Cette communauté serait restée libre tout en n'étant pas sans rapport avec l'ordre bénédictin. Il avait d'abord espéré qu'un cloître déjà constitué ferait l'affaire : en 1894, il compte que Dom Besse, chargé de rétablir l'abbaye de Saint-Wandrille, va y réunir cette communauté libérale, préoccupée de rénover l'art catholique, dans laquelle il aurait sa place sans perdre son indépendance d'écrivain. Il y passe trois jours en septembre, après un premier séjour enchanteur d'une semaine en juillet. Mais la mauvaise gestion de Dom Besse décida l'abbé de Ligugé, la maison mère, à le rappeler. Pour Huysmans, mal informé des motifs réels de ce rappel, persuadé qu'il était dû aux intrigues de moines conservateurs, ce fut un échec durement ressenti. « *Je me sens éboulé. C'est l'avenir plus noir qu'avant, l'illusion d'un havre foutue* », confie-t-il à Gustave Boucher le 26 décembre 1894 (p. 266[19]). Le 2 octobre

1898, il écrivait depuis Ligugé à Cécile Bruyère, abbesse de Sainte-Cécile de Solesmes :

> Autre chose, vous avez probablement lu dans toute la presse qui se livre à des variations plus ou moins ingénieuses à ce propos, que je suis parti à Ligugé pour y fonder une colonie d'artistes chrétiens. Mais il faudrait d'abord pour cela qu'il y eût des artistes chrétiens ! et il n'y en a pas ! J'ai bien souvent, en effet, songé à cette idée qui permettrait peut-être de ranimer l'art assoupi de l'Église, mais je ne vois pas, mais pas du tout, le moyen de la réaliser.[20]

Les nombreuses coïncidences entre son œuvre, sa correspondance et sa vie attestent le caractère fondamental de cette aspiration et la place que le monde claustral tint dans son univers. N'assure-t-il pas à l'abbé Moeller le 29 mai 1895 : « *Depuis plus de trois ans que j'ai fait ma première visite à la Trappe, il ne s'est pas passé de jour où je n'aie rêvé du cloître.* » (p.278[19]).

évolution et continuité,
le thème du cloître avant le modèle monastique

Si l'évolution générale de l'œuvre aligne ainsi trois idéaux successifs d'intimité, il n'y a pas pour autant solutions de continuité, malgré les « ruptures » de *À rebours* et de *En route*. À l'origine c'est toujours le même projet, et des chevauchements d'une période à l'autre contribuent à maintenir l'unité au sein de la diversité.

La primauté du modèle monastique s'établit avec la conversion de Huysmans, mais l'attrait des refuges et du confinement suscite auparavant plusieurs apparitions du thème du cloître. C'est, en 1877, dans la première version de *Sac au dos*, un couvent d'Évreux, transformé en hôpital où le héros est soigné. Les allégements imposés par la conduite du récit firent disparaître en 1880 la citation de quatrains peints par les Capucins sur la muraille de leur cloître (*SD*; I, 167). Le thème claustral reparaît en 1882, sous forme d'un désir fugitif mais explicite, quand Folantin reçoit l'avis de décès d'une parente éloignée, religieuse : « *Il envia sa vie calme et muette et il regretta la foi qu'il avait perdue.* » (*À V*; V, 78). Les apparitions du thème se font ensuite plus fréquentes et plus insistantes, dans *À rebours* où la chambre de des Esseintes imite une cellule de moine, puis dans *Là-bas* : Durtal envie le renfermement du cloître, la montée de la préoccupation religieuse entraîne des propos élogieux et une précision nouvelle sur le sujet des ordres réguliers. Enfin, dans la première version de *En route* que Huysmans abandonna et qu'il ne réutilisa que partiellement dans ses ouvrages suivants, Durtal éprouve, le soir de son arrivée à Notre-Dame de la Salette, quand il a regagné sa chambre d'hôte au monastère, une impression forte et complexe d'apaisement et de bonheur, où l'on peut lire, en même temps qu'une surprise de la Grâce, la séduction définitive de l'espace cellulaire, d'un lieu intime entre tous, à l'intérieur d'un territoire protégé :

Il alluma une bougie et s'affaissa sur une chaise. Il se trouvait dans une chambre minuscule, blanchie au lait de chaux, percée, dans une encoignure, d'une très petite fenêtre, ronde en haut et carrée en bas. Pour tout mobilier, un lit de fer, une table de nuit, une chaise de paille, une table de bois blanc, sur laquelle étaient posées une cuvette pour poupée, un pot à l'eau et une serviette [...].

Durtal demeurait là, le coude sur la table, et une douceur infinie coulait en lui ; c'était comme l'épanouissement d'une âme qui revenait peu à peu à elle. Cette cellule si incommode, si étroite, lui parut vraiment douillette, vraiment bonne [...]

[...] il n'éprouvait plus de fatigue, ne tombait plus de sommeil. À tenter de découvrir la cause de cette joie douce et profonde qui l'inondait depuis son entrée dans cette cellule, il pouvait l'attribuer au plaisir d'en avoir fini avec les trimbalements, au bonheur d'avoir achevé ces traversées en chemin de fer, ces courses en voiture, ces haltes dans les auberges, au besoin même maintenant contenté d'être, après tant d'heures passées avec les autres, complètement seul.   (*LH*; 210-1)[21]

permanence de la préoccupation esthétique

Avant même le recours systématique aux ravissements de l'art et de l'artifice dans *À rebours*, les premiers écrits de Huysmans font une large place aux arts plastiques. Les proses du *Drageoir aux épices* (entre autres : « La Kermesse de Rubens », « Adrien Brauwer », « Cornélius Béga ») abondent en références picturales. L'activité du critique d'art — dont les principaux textes de cette période sont recueillis dans *L'Art moderne*, paru en 1883 — pénètre l'univers de ses romans naturalistes (où l'importance du modèle domestique limite par ailleurs son influence); Huysmans compare Marthe à « *Saskia, la première femme de Rembrandt* » (*M*; II, 47), André, dans *En ménage* possède des aquarelles impressionnistes, et son ami Cyprien Tibaille, déjà présent dans *Les Sœurs Vatard,* est un peintre épris de modernité.

La conversion qui favorisa ensuite la primauté du modèle monastique n'annihile pas pour autant la préoccupation esthétique. Celle-ci s'imbrique au contraire étroitement avec la foi, produisant des élans et des affirmations apparentés à ceux de Chateaubriand dans *Le Génie du christianisme* :

Ah ! la vraie preuve du catholicisme, c'était cet art qu'il avait fondé, cet art que nul n'a surpassé encore ! c'était, en peinture et en sculpture les Primitifs ; les mystiques dans les poésies et dans les proses ; en musique, c'était le plain-chant ; en architecture, c'était le roman et le gothique. Et tout cela se tenait, flambait en une seule gerbe, sur le même autel ; tout cela se conciliait en une touffe de pensées uniques : révérer, adorer, servir le Dispensateur [...].   (*Rt*; XIII-1, 10)

La recherche du rare, systématique chez des Esseintes, toujours vivace chez Durtal comme chez l'auteur, associe ses effets de séparation au renfermement dans les cloîtres. Tout comme des Esseintes n'aimait plus des œuvres de Rembrandt et de Goya trop communément appréciées, Durtal n'aime pas les dévotions en commun; à la Vierge pour tous, celle de Lourdes, il préfère « *la Vierge pour les mystiques et pour les artistes, la Vierge pour les quelques-uns* » (*C*; XIV-1, 30); l'érudition liturgique et symbolique est aussi un moyen de s'éloigner de la foule; quant à l'oblature, qu'il voudrait voir devenir un ordre d'intellectuels et d'artistes, elle « *ne s'adresse qu'à une élite* » (*O*; XVII-2, 17). Les beaux moments des offices sont un ravissement hors du monde, à rebours du temps; c'est un moment de grande émotion que celui où un moine qui dit la messe semble à Durtal « *échappé d'un moutier du moyen âge, découpé dans un de ces tableaux flamands où les religieux se tiennent debout au fond, alors que, devant eux, des moniales agenouillées prient, les mains jointes* » (*Rt*; XIII-1, 258). Le modèle monastique garde l'empreinte de l'esthétisme de *À rebours*.

perpétuation des thèmes domestiques

En même temps qu'un mouvement de spiritualisation croissante substitue d'autres modèles à celui de l'intimité domestique, le débat du mariage ou du célibat s'efface. Sa disparition, commencée dans *À rebours* où des Esseintes ne regrette pas un instant son célibat, confirmée dans *Là-bas*, s'avère définitive à partir de *En route* : désormais dans l'univers des romans huysmansiens, les femmes sont religieuses, oblates (mademoiselle de Garambois dans *L'Oblat*) ou servantes (Madame Bavoil, au service de l'abbé Gévresin dans *Là-haut* et dans *La Cathédrale* puis de Durtal dans *L'Oblat*).

D'autres thèmes domestiques se perpétuent néanmoins. Le destin de l'homme huysmansien a beau se jouer sur un autre plan, une place est toujours faite au double thème des jouissances prosaïques et des misères matérielles. Quand Durtal et des Hermies rendent visite aux Carhaix, le plaisir du repas s'associe à celui de la conversation; les mets sont détaillés; une page entière de *L'Oblat* est consacrée à la recette des graisserons, sorte de rillettes d'oie...

Le maintien des thèmes de la vie quotidienne — même restreints — contribue à nourrir le monologue intérieur de Durtal :

[...] ce rêve de se retirer loin du monde, de vivre placidement dans la retraite, auprès de Dieu, il l'avait poursuivi sans relâche.

Sans doute, il ne se l'était formulé qu'à l'état de postulations impossibles et de regrets, car il savait bien qu'il n'avait, ni le corps assez solide, ni l'âme assez ferme pour s'enfouir dans une Trappe; mais une fois lancée sur ce tremplin, l'imagination partait à la vanvole, sautait par-dessus les obstacles, divaguait en flottantes songeries où il se voyait moine dans un couvent débonnaire, desservi par un ordre clément, amoureux de liturgie et épris d'art.

Il devait bien hausser les épaules quand il revenait à lui et sourire de ces avenirs fallacieux qu'il se suggérait dans ses heures d'ennui; mais à cette pitié de l'homme qui se prend en flagrant délit de déraison, succédait quand même l'espoir de ne pas perdre entièrement le bénéfice d'un bon mensonge et il se remettait à chevaucher une chimère qu'il jugeait plus sage, aboutissait à un moyen terme, à un compromis, pensant rendre l'idéal plus accessible, en le réduisant. (*C*; XIV-1, 298-9)

Il envisage avec effroi les rigueurs de la règle bénédictine, même pour les oblats, la dureté du régime alimentaire, les difficultés d'une vie collective qu'il assimile alors à la promiscuité de l'internat ou de la caserne. Au débat du mariage ou du célibat succède ainsi celui du cloître : il conclut alternativement que c'est folie de s'y retirer ou qu'il n'y a pas de vie possible hors de là.

Quelque distance que marque Huysmans à l'égard de l'appétence monastique quand elle porte trop la marque de l'aspiration à la quiétude, celle-ci reste un trait permanent des romans catholiques : « *J'ai besoin de repos, de mise au vert* [...] *de me recolliger un peu, de m'asseoir.* » (*LH*; 143), « *j'ai mis mon âme dans une pension qui lui plaît, qu'elle y reste !* » (*C*; XIV-1, 73). Durtal éprouve de l'étonnement et une certaine déconvenue quand la lecture des mystiques lui apprend les épreuves de l'âme :

> — Je vous avouerais que je croyais la vie spirituelle moins aride et moins complexe ; je m'imaginais qu'en menant une existence chaste, en priant de son mieux, en communiant, l'on parvenait sans trop de peine, non pas à goûter les allégresses infinies réservées aux saints, mais enfin à posséder le Seigneur, à vivre au moins auprès de lui, à l'aise.
> Et je me contenterais fort bien de cette liesse bourgeoise, moi [...].
>
> (*Rt*; XIII-1, 144)

Aussi Claudel, agacé, porte-t-il contre lui un jugement sévère :

> Le principal reproche que je lui fais est celui-ci, on ne se fait pas moine à moitié. Qui se fait moine entre dans une voie de perfection dont la fin unique est l'union aux volontés de Dieu et dont la première condition est un parfait renoncement à soi-même. Or l'Oblat de Huysmans considère la vie religieuse simplement comme un moyen agréable de poursuivre (pour chacun de nous) sa vocation préférée art, science, littérature ou tournage de ronds de serviettes.[22]

Mais on trouve des propos identiques sous la plume de Huysmans : « *Et puis tout cela est humain, tout cela est vil !* [...] *ce qu'il faut, c'est s'offrir tout entier à Dieu. Le cloître autrement envisagé est une maison bourgeoise et c'est absurde. Mes appréhensions, mes advertances, mes compromis, sont une honte !* » (*C*; XIV-2, 113). Sa spiritualité privilégie même la souffrance jusqu'au dolorisme; *Sainte Lydwine de Schiedam* et *Les Foules de Lourdes* inventorient d'épouvantables maux physiques; il accorde une place de choix aux tourments des mystiques; son catholicisme est dur, adhérant de préférence aux croyances les moins accessibles et aux jugements les plus intransigeants. Il vitupère les catholiques de son temps qu'il juge aveulis, considère sévèrement la vocation de certains novices de Ligugé qui « *voyaient surtout dans le monastère le débarras de l'existence, la paix, le moyen de se sanctifier à petit feu* » (*O*; XVII-2, 46-7). Il est des moments où Durtal aussi serait justiciable d'un pareil reproche.

Ce conflit est lucidement assumé : « *Il songeait un peu à se sauver dans un couvent, ainsi que ces filles qui entrent en maison pour se soustraire aux dangers des chasses, au souci de la nourriture et du loyer, aux soins du linge* » (*LB*; XII-1, 21), il n'est jamais résolu. Peut-être un désenchantement croissant eût-il mis fin au débat; le départ des moines de Ligugé est présenté comme un crève-cœur dans *L'Oblat*, mais Huysmans tient aussi dans sa correspondance des propos fort amers, ainsi le 22 mars 1901 à Georges Landry :

[...] quelle misérable boîte que ce cloître, sans gens intellectuels, et, ce qui est pis, sans saints !
Mais laissons tout cela. Ce sont évidemment avances d'hoiries sur le Purgatoire, et s'il leur arrive des cataclysmes, ce qu'ils les auront mérités ! (p. 221[10])

Les événements de 1901 trancheront.

Le modèle et la problématique monastiques disparaissent donc après *L'Oblat*; le projet qui les motivait partiellement demeure toutefois; il continue d'alimenter des rêveries intimistes, mais éparses, réduites désormais dans leurs supports réels à des lieux où le visiteur ne peut que passer.

3

TOPOGRAPHIE HUYSMANSIENNE

logis

Il n'existe pas de maison unique dans l'univers huysmansien, natale ou familiale, comme celle de Combray chez Proust, autour de laquelle les valeurs d'intimité s'ordonneraient en un double travail de mémoire et de transfiguration. L'imagination de l'habitat y tient néanmoins une grande place.

L'homme huysmansien est casanier. Des Esseintes, parti pour Londres, ne va pas plus loin que la gare Saint-Lazare; n'a-t-il pas d'ailleurs aménagé son cabinet de travail de façon qu'il soit « *une pièce définitive, rangée, bien assise, outillée pour le ferme maintien d'une existence casanière* » (*ÀR*; VII, 32)? Huysmans manifeste les mêmes réticences dans sa correspondance[23]. Ses héros en viennent-ils cependant à désirer bouger — car l'être huysmansien, instable, est sujet à des crises où le refuge s'inverse soudain en prison — il existerait encore une solution, dans l'esprit du classique de l'intimisme qu'est le *Voyage autour de ma chambre* de Xavier de Maistre : « [...] *nul doute, par exemple, qu'on ne puisse se livrer à de longues explorations au coin de son feu* [...]. » (33). Ce recours n'est pas seulement dicté par l'excentricité de des Esseintes, il est aussi l'expression d'une claustrophilie convaincue.

Les intérieurs sont nombreux dans l'œuvre. La description est tantôt systématique — et le coup d'œil est précis, l'écriture formée à la notation réaliste — tantôt limitée à des informations brèves intégrées au cours narratif ; entre ces deux extrêmes la pratique varie selon les besoins. Les intérieurs eux-mêmes sont d'espèces diverses ; leur répertoire va de la pièce unique — chambre de « Camaïeu rouge » dans *Le Drageoir aux épices*, cellule de Durtal à la Salette puis à la Trappe — jusqu'à la demeure idéale, la retraite de *À rebours*, où l'imagination se donne libre cours. Toutefois, les attaches réalistes de l'œuvre favorisent un moyen terme dans la taille et la complexité ; c'est l'appartement parisien modeste, exigu même, d'un célibataire de médiocre fortune : habitats d'André (*En ménage*) après sa rupture avec sa femme, de Folantin, de Durtal dans *Là-bas* et la première partie de *En route* ; le logis chartrain de *La Cathédrale* est du même ordre et la maison de *L'Oblat* reste une demeure modeste.

Tous ces logis n'ont pas le même statut. Certains nous sont donnés pour des logis réels, d'autres comme des habitats imaginés. Dans le premier cas, le lieu est aménagé, habité ou visité, bref ses qualités sont éprouvées par l'un des personnages du récit : « *André goûta une joie d'enfant lorsqu'il fut installé dans son nouveau logement. [...] Il avait repris toute sa gaieté, flânait pendant des journées entières, décraquelait ses faïences avec de l'eau de javel, ravivait avec les feuilles restées au fond de sa théière, les couleurs de ses tapis, rêvait à des améliorations de confortable, à de nouveaux achats de bric-à-brac et de livres.* » (*EM*; IV, 115-6). Il faut adjoindre à cette catégorie ceux dont Huysmans prend directement à son compte la connaissance, la jouissance — ou les désagréments — dans les proses de *De tout*, *Trois églises*, *Trois primitifs* ; il y décrit tel intérieur habité dans son enfance, l'ancien couvent de Prémontrés, 11 rue de Sèvres — « *Je me souviens d'y avoir passé, dans un immense appartement au premier, toute une enfance à la glace.* » (*DT*; XVI, 19-20) — d'autres visités au cours de ses promenades dans Paris : cette salle du chapitre de Saint-Germain l'Auxerrois, qui lui paraît l'abri possible de toute une vie :

> Ce local poudreux est infiniment doux. L'on s'imagine très bien l'un des treize chanoines [...] assis devant la table placée au milieu de la pièce, dépouillant les archives [...]
> Et l'on se prend, à ce dégoût d'un début de siècle, à envier ce bon prêtre [...], dans le grand silence de ces murs de pierres sourdes, seulement rompu par les soupirs fatigués du bois.
> Comme tout cela nous met loin ! (*TÉ*; XI, 213-4)

D'autres logis sont des images mentales produites par la rêverie d'un personnage, comme cette image narquoise du bonheur dans le mariage auquel aspire l'une des sœurs Vatard : « [...] *avoir une chambre avec du papier à fleurettes, un lit et une table en noyer, des rideaux blancs aux fenêtres, une pelote en coquillages, une tasse avec ses initiales dorées sur la commode et, pendue au mur, une gentille image, un petit amour par exemple qui frapperait à une porte. Elle songeait souvent même à cette gravure qu'elle avait vue chez un marchand de bric-à-brac* [...]. » (*SV*; III, 56). Ailleurs (dans *En rade* par exemple) et sur un mode moins distancié, le même processus se réitère ; Durtal visitant les ruines de Tiffauges se conduit en pensée comme des Esseintes en train d'aménager sa demeure : « *Et les meubles se disposaient d'eux-mêmes dans les pièces où Gilles et ses amis couchaient ; çà et là, des sièges seigneuriaux à dosserets, des escabelles et des chaires* » etc. (*LB*; XII-1, 183).

Aussi bien, quelle que soit la nature de ces habitats, pauvres ou riches, vraisemblables ou non, quel que soit leur statut dans le texte, logis « réels » ou images mentales, ils sont tous pour l'auteur des demeures imaginaires sous la dépendance plus ou moins nettement affirmée du projet d'intimité.

C'est lui qui oriente la narration de *À vau-l'eau* quand Folantin entreprend d'aménager son étroit logement à la mesure de ses moyens, lui encore qui guide le récit de *À rebours* quand des Esseintes place ses espoirs de salut dans l'agencement de sa demeure-musée, lui qui gouverne aussi le monologue intérieur de Durtal quand il rêve à un monastère où les meilleures créations de l'art religieux seraient rassemblées : « — *Avoir le tout complet ! transporter ici, au lieu de cette chapelle sans intérêt, l'abside de Saint-Séverin ; pendre sur les murs des tableaux de Fra Angelico, de Memling, de Grünewald, de Gérard David, de Roger Van den Weyden, de Bouts, y adjoindre d'admirables sculptures, des œuvres de pierre, telles que celles du grand portail de Chartres, des retables en bois sculptés, tels que ceux de la cathédrale d'Amiens, quel rêve !* » (*Rt* ; XIII-2, 219).

Si l'on rencontre aussi des descriptions à valeur d'information réaliste — « *Ainsi que dans la plupart des salles à manger bourgeoises* [...]. » (*EM* ; IV, 74) —, elles sont peu nombreuses et l'œuvre de Huysmans, peu diversifiée, n'a jamais visé à l'exploration du monde social ; si la précision des évocations utilise l'acquis du mouvement réaliste, c'est le projet d'intimité qui en de pareils cas en commande la mise en pratique ; l'information n'y trouve son compte que par surcroît.

fonction narrative des habitats

Ils sont un lieu crucial où le destin des personnages se joue, car le salut ou la perte d'André, de Folantin, de des Esseintes, de Jacques Marles dépendra de la résolution de cette question : pourront-ils ou non agencer un logis qui les abrite contre les duretés de la vie ? La critique de *À rebours* par Barbey d'Aurevilly (amateur de vastes espaces) manifeste un agacement révélateur de cette donnée de base ; le livre serait illisible dit-il, sans la torture de la fatalité nerveuse à laquelle des Esseintes est soumis :

Sans elle, on n'irait pas jusqu'au bout. Il tomberait des mains. Les bibelotiers de cette époque de décadence, les soi-disants raffinés, ces artificiels niaisement épris de toutes les chinoiseries des civilisations matérielles, les pervertis de l'ennui à qui la simple beauté des choses ne suffit plus, le liraient seuls. Eux seuls, ces esprits blasés tombés dans l'enfance des vieilles civilisations, s'intéresseraient aux efforts et aux retorsions de ce misérable Des Esseintes, corrompu par l'ennui, qui engendre toutes les autres corruptions, et qui s'imagine qu'on peut prendre à rebours la vie, — cette difficulté de la vie! — comme on change ses bibelots d'étagère.[24]

Les péripéties morales qui sont la matière principale des récits huysmansiens sont plusieurs fois saisies sous l'angle d'une modification d'habitat; quand Durtal éprouve dans sa cellule de la Salette un sentiment de réconfort puissant et nouveau — passage capital de *Là-haut*, signe avant-coureur de la conversion —, une pensée de logis vient dire l'ampleur du changement qui s'opère en lui : « *Cette cellule si incommode, si étroite, lui parut vraiment douillette, vraiment bonne. À quoi servaient tous ces bibelots qu'il avait accumulés dans son logis, ces meubles inutiles, ces canapés mollets, ces fauteuils profonds, ce lit vaste? cette cellule froide et nue lui paraissait suffisante et plus intime.* » (*LH*; 210). La même réflexion est plusieurs fois reprise dans *En route*, après la découverte de la Trappe : « [...] *il pensait à l'inutilité des logis qu'on pare.* » (*Rt*; XIII-2, 301).

aménagements et plaisirs intimistes

La relation étroite des personnages et de leur milieu domestique débouche sur maints désastres mais leur procure aussi des jouissances spécifiques. Il est ainsi des moments — contrepoint du thème des petites misères — où l'homme huysmansien trouve un sentiment de plénitude dans l'activité ménagère. Le récit se développe alors dans le registre suivant : « *Puis il passa dans sa chambre à coucher, rafraîchit avec une éponge humide le marbre de la commode, lissa le couvre-pied du lit, remit droits les cadres de ses photographies et de ses gravures* [...] *Pris d'une fringale de propreté, il râclait, émondait, récurait, imbibait, séchait à tour de bras.* » (*LB*; XII-1, 238). C'est une forme active de la jouissance d'intimité, vécue comme une reconquête de l'espace. On trouve un pareil moment dans *À vau-l'eau*, interrompant la courbe dépressive du récit. La jouissance intimiste peut être aussi contemplation passive, sérénité rêveuse appuyée par le confort physique : « *Enfoncé dans un vaste fauteuil à oreillettes, les pieds sur les poires en vermeil des chenêts, les pantoufles rôties par les bûches qui dardaient, en crépitant, comme cinglées par le souffle furieux d'un chalumeau, de vives flammes, des Esseintes posa le vieil in-quarto qu'il lisait, sur une table, s'étira, alluma une cigarette, puis il se prit à rêver délicieusement* [...]. » (*ÀR*; VII, 103).

L'écriture huysmansienne s'accorde assez souvent de tels plaisirs : dans les passages de *Là-bas* consacrés aux visites chez les Carhaix dont le logis isolé dans une tour de Saint-Sulpice est un refuge heureux, dans *Sainte Lydwine de Schiedam* où Huysmans, malgré le dolorisme de l'œuvre, se laisse aller à évoquer longuement, complaisamment, dans une page entière qui est un véritable poème en prose, « *cette gaieté intime des choses, si particulière en Hollande, dans les intérieurs des plus pauvres gens* » (*SLS*; XV-1, 103). Passé un certain degré d'effusion la jouissance du refuge déborde le thème du confort matériel, une rêverie du feu peut venir l'enrichir et la poétiser de ses flammes « *en touffes de tulipes roses et bleues* » (*Rd*; IX, 173), de « *ces beaux glaïeuls* [...] *qui jaillissent dans le brasier sonore des bûches sèches* » (*LB*; XII-1, 90).

Huysmans, qui déteste la chaleur et la grande clarté solaires, s'enchante au contraire de ces feux d'âtre, ou d'une lumière de lampe, « *ce phare de la tranquillité rêvée* » (p. 113[9]), comme l'a si justement qualifiée Bachelard, celle qui isole dans son cercle apaisant le coin de lecture ou de travail, la table d'amis, « *cette table éclairée par une lampe un peu usée qui répandait ses lueurs d'argent dédoré sur la grosse nappe* » (*LB*; XII-1, 92). L'écrivain use ici d'un talent plastique exercé par la fréquentation des expositions et des musées, par la critique d'art ; il transpose en même temps ces scènes d'intérieurs qu'il apprécie chez les maîtres intimistes, grands et petits, de la peinture flamande et hollandaise.

Les logis des principaux personnages, depuis *Marthe, histoire d'une fille* jusqu'à *L'Oblat*, comportent force livres, bibelots et tableaux. L'écrivain André travaille dans une « *pièce minuscule, si bourrée de bibelots et si bondée de meubles qu'on ne pouvait s'y tenir à plus de trois personnes ensemble* » (*EM*; IV, 119). C'est en partie un trait d'époque puisque dans ce dernier tiers du siècle la mode est à la surcharge dans l'ameublement, à l'accrochage serré et en rangées superposées dans les musées ; toutefois dans l'univers de Huysmans un sort particulier est fait à cette profusion : elle doit doubler les murs et serrer de près, envelopper l'habitant. Guidé par le désir « *d'habiller les murs glacés de sa chambre* » (*À V*; V, 70) — s'habiller/s'abriter —, Folantin parvient à ce résultat : « *L'on est bien chez soi, se disait-il, et, en effet, sa chambre n'était plus reconnaissable. Au lieu de murailles aux papiers éraillés par d'anciennes traces de clous, les cloisons disparaissaient sous les gravures d'Ostade, de Téniers* [...]. » (71). Le même principe guide la décoration de la thébaïde de *À rebours* : les gravures s'étagent sur les parois du vestibule, tandis que le plafond tendu de maroquin, les murs garnis de rayons de livres, le parquet jonché de fourrures et de peaux, la table massive, de vieux lutrins, les fauteuils profonds, renvoient à l'archétype du logis huysmansien.

Cette accumulation n'est pas pour autant le désordre : des Esseintes calcule longuement de surprenants accords; le désir d'une composition savante, voire symbolique, peut présider à ces aménagements : « *Il organisa le désarroi convaincu de son bureau, espaça des cahiers de notes, des livres traversés par des coupe-papiers, posa un vieil in-folio ouvert sur une chaise. " Le symbole du travail ! " se dit-il en riant.* » (*LB*; XII-1, 238). C'est une recherche de peintre de nature morte, préoccupé, comme les maîtres hollandais du genre, de faire parler les objets par une organisation et un code symbolique précis. Folantin, des Esseintes, Durtal règnent ainsi, pour un temps, sur un univers en paix, dominé, recréé. Ces thèmes ne sont pas si mesquins. Cet ordonnancement, presque un art, est somme toute un véritable anti-destin.

les logis de Huysmans

Il est d'autres logis encore, ceux dont Huysmans parle fréquemment dans sa correspondance. Demeure-t-il quelque temps à Bruxelles, il décrit sa chambre dans une lettre d'août 1876 à Henry Céard, avec une minutie analogue à celle de ses romans : « *La chambre se compose d'un plancher, de quatre murs tendus de papier à losanges et à fleurs, d'une porte et d'une croisée à guillotine. Comme objets d'art, le portrait de Léopold 1er, le feu roi et celui de sa femme, de sa dame, comme disent les Bruxellois. Sur la cheminée une glace à cadre noir et à filets d'or et, sur la tablette de marbre, une pelote de velours grenat, entre des coquillages.* » (p. 12[25]). C'est le regard attentif — un peu moqueur aussi — de l'écrivain réaliste, mais également la propension à l'arrêter d'abord sur la part du monde qui lui est la plus proche, son habitat. Il

74

avoue dépendre des décors intérieurs comme ses personnages : « [...] *moi, je cloue et je décloue* [il emménage en 1901 dans son logis parisien chez les Bénédictines de la rue Monsieur]. *Ce n'est pas de la vie intérieure, mais je crois que pour la pratiquer, il faudrait d'abord que les objets extérieurs fussent en place.* »[26].

Son goût de la brocante ajoute une profusion d'objets à ses livres, il les accumule chez lui, explique à un ami qu'il a acheté des « *masses* » de bibelots d'église et poursuit ainsi : « *Mon logis en est devenu assez drôle. Obligé de le réparer, j'ai fait tendre le tout en étoffe d'un grenat sourd, y compris les plafonds. J'ai collé là-dedans des meubles pistache, et avec tous mes bibelots d'église, c'est assez bien.* » (*JRt* ; 254). Il ordonne, organise savamment l'ensemble avec des recherches qui rappellent celles de des Esseintes : « *Ce qui est sûr, c'est qu'une fois terminé, mon logement sera exquis. Il y a une combinaison de portes et de boiseries vertes avec tentures rouges très réussie et, en vidant tous les cartons de gravures, nous allons arriver à boucher tous les trous qui sont énormes dans de tels espaces.* »[27]. Les témoignages de ses visiteurs concordent avec les informations de sa correspondance[28].

Bref, compte tenu de la différence de nature des faits biographiques, des lettres et des textes destinés à la publication, il apparaît bien qu'ici le « moi social » et le « moi créateur » communiquent. Déployé plus librement et avec une cohérence supérieure dans le domaine de l'imaginaire, le projet d'intimité s'efforce de « *délimiter un espace à soi se confondant avec soi, et donc* [...] *de se sauvegarder ou de se restaurer* »[29]. Principe organisateur de l'univers huysmansien, il en détermine fortement les décors, fournit un répertoire spécifique de métaphores : celle, entre autres, qui dit un échec spirituel de sainte Lydwine en l'assimilant à la ruine d'un logis — elle ne retrouve même plus les « *débris de ses aîtres* » (*SLS* ; XV-2, 64) —

celles par lesquelles Huysmans exprime à l'abbé Ferret, le 13 juin 1897, sa difficulté à achever *La Cathédrale* : « *Je m'aperçois qu'il y a encore pour des mois de travail et que j'ai de quoi m'occuper tout l'été avec ce bâtiment qui est achevé, mais où tout joue, les portes et les fenêtres, où rien ne ferme.* »[30].

Il eût pu reprendre à son compte cette phrase de Baudelaire dans l'introduction à la « Philosophie de l'ameublement » d'Edgar Poe : « *Quel est celui d'entre nous qui, dans de longues heures de loisirs, n'a pris un délicieux plaisir à se construire un appartement modèle, un domicile idéal, un rêvoir ?* »[31]. Lieux protégés où l'on rêve, auxquels on rêve : tels sont bien les habitats huysmansiens et le rapport que leur auteur entretient avec eux à la fois dans son existence et dans l'écriture.

le sens du lieu

Tout refuge n'est pas d'ordre spatial, des conduites peuvent en tenir lieu; la quiétude que Rousseau trouve en herborisant, Huysmans se la procure en « s'immergeant » dans les travaux d'érudition que nécessite la préparation de certains de ses ouvrages. Cependant son imagination de la paix est rarement dissociée d'une démarche d'organisation de l'espace : s'il met en scène dans « Saint-Germain-l'Auxerrois », une prose des *Trois églises,* un chanoine dans la quiétude des compilations savantes, il a d'abord suscité l'espace protecteur d'une salle médiévale où vient ensuite prendre place son personnage; la rêverie du lieu précède ici celle de la conduite.

L'imaginaire huysmansien est bâtisseur. Durtal médite avec intérêt la vie de la mère Marie Marguerite des Anges, fondatrice du prieuré des Carmélites d'Oirschot, parce qu'elle fut toute dominée par le dessein de « *planter un monastère* »

(*C*; XIV-1, 189). Une curieuse scène, à Chartres, illustre la même vocation de façon emblématique : dans le jardin de l'évêché, Durtal explique à l'abbé Plomb et Madame Bavoil comment il construirait un sanctuaire au moyen de plantes et d'arbres choisis et ordonnés en fonction de leurs vertus symboliques; baguette en main, devenu maître d'œuvre, il trace le plan d'une cathédrale végétale.

Chaque grand récit huysmansien a son décor privilégié : château de Lourps dans *En rade*, église Saint-Sulpice dans *Là-bas*, Notre-Dame de la Salette pour *Là-haut*; il en est de même dans *En route* (Trappe de Notre-Dame de l'Atre) et dans *La Cathédrale*. Jugeant les livres des autres, Huysmans continue de montrer la même attention privilégiée aux lieux : chez Zola, il s'intéresse d'abord, voire exclusivement, aux qualités des décors, ainsi pour l'immeuble moderne de *Pot-Bouille* ou le paysage minier de *Germinal*[32]. La plus grande partie de ses textes non romanesques évoquent différents espaces où il est le guide et le gustateur : quartiers, rues, monuments, lieux réellement conventuels ou ressentis comme tels, décrits dans *Le Drageoir aux épices*, les *Croquis parisiens*, *La Bièvre et Saint-Séverin*, *De tout*, *Les Foules de Lourdes*, *Trois églises*; *Sainte Lydwine de Schiedam* comporte une évocation de la petite ville où vécut la sainte.

La part de la nature est faible; ses asiles sont des asiles construits. Comme Baudelaire, qui influença beaucoup son esthétique originelle, Huysmans est un écrivain citadin. Les espaces naturels sont chez lui des en-dehors menaçants, comme la campagne dans laquelle Jacques Marles chemine vers le château de Lourps, quand un « *entonnoir de ténèbres* » (*Rd*; IX, 10) succède aux rougeoiements inquiétants du couchant. Un jardin abandonné — qui eût pu avoir son charme pour d'autres — entraîne cette amère réflexion sur la dureté de l'existence :

[...] cette jacquerie des espèces paysannes et des ivraies enfin maîtresses d'un sol engraissé par le carnage des essences féodales et des fleurs princières.

Mélancoliquement, il songeait à ce cynique brigandage de la nature si servilement copié par l'homme.

Quelle jolie chose que les foules végétales et que les peuples !

(*Rd*; IX, 51)

La ville est au contraire le terrain favori des promenades et recherches de l'intimiste, lieux où l'on mange (plutôt mal), lieux où l'on prie, goûtés et comparés d'une manière subtile et précautionneuse. Certains sanctuaires sont le lieu de scènes essentielles, comme la chapelle de la rue de l'Ébre évoquée dans *En route*[33]; d'autres sont intégrés à des énumérations assez rapides où les critères du jugement sont tantôt la piété des assistants, tantôt la qualité de la musique, ou les deux à la fois. *En route* répertorie ainsi quinze églises et chapelles (et chacune d'elles est mentionnée plusieurs fois). L'installation de Durtal à Chartres dans l'espace privilégié du sanctuaire marial n'exclut pas la mention d'autres refuges et de nombreux autres sanctuaires (dix cathédrales de France entre autres). Le but avoué de l'œuvre — constituer une somme de l'art sacré médiéval — appelait cette multiplicité, mais les préoccupations intimistes participent à l'établissement de cet inventaire autant que le souci didactique. Les jugements de Huysmans font en effet appel à des critères fort subjectifs : il répartit ces cathédrales en « *glaciales* » (*C*; XIV-1, 112) ou plus ou moins « *tièdes* », distingue les unes parce qu'elles « *ont néanmoins conservé quelques-uns des effluves d'antan* », en critique une autre parce qu'« *on n'y est pas à l'aise* », en isole un groupe, placé dans la moyenne, parce qu'« *on s'y détend mieux* ». Les œuvres ultérieures poursuivent ces pérégrinations :

À Paris même, à Notre-Dame des Victoires, à Saint-Séverin, chez la Vierge noire des Dames de Saint-Thomas de Villeneuve, l'on est plus chez soi et l'on est plus chez Elle ; il y a au moins un peu d'obscurité et du silence ; évidemment ces sensations d'intimité plus ou moins vives dépendent des tempéraments et des genres de piété qui en dérivent, mais il faut dire, qu'ayant prévu ces différences, la Madone se met, avec la diversité de ses effigies et de ses demeures, à la portée de tous ; elle accueille les solitaires à tel endroit et les foules à tels autres ; chacun peut en somme la trouver selon ses besoins et selon ses goûts.

(*FL* ; XVIII, 268-9)

Du *Drageoir aux épices* jusqu'aux monographies réunies dans *Trois églises et trois primitifs,* dans les écrits romanesques ou non, avant comme après la conversion, jamais ne cesse cette errance, avec ses trouvailles, ses délectations et ses déceptions.

la Bièvre et la zone

Huysmans aime la Bièvre aux abords de Paris et dans le quartier des Gobelins où les tanneurs l'utilisent. Il lui consacre des proses du *Drageoir aux épices* et des *Croquis parisiens,* et un texte plus long, *La Bièvre,* qui fut associé à une autre monographie de lieu aimé sous le titre *La Bièvre et Saint-Séverin.* Son autre paysage favori est la zone, le long des fortifications de Paris ; il en dit les beautés dans un passage de *En ménage* (IV, 125-6), dans « Autour des fortifications » (*DÉ*) et dans « Vue des remparts du Nord-Paris » (*CP*). Ce sont des espaces ouverts, à demi naturels, que la proximité de la ville marque de salissures et de bâtisses éparses et disparates. L'horizon peut y être vaste — et l'on voit alors « *les gazomètres dresser leurs carcasses à jour et remplies de ciel* » (*EM* ; IV, 125) —, plus souvent limité dans le cas de la Bièvre. Mais aussi ouverts ou clos qu'ils soient, ces lieux n'en satisfont pas moins l'un des besoins essentiels de l'intimiste : « [...] *c'est un monde à part, triste, aride, mais par cela même solitaire et charmant.* » (*DÉ* ; I, 68).

Leurs meurtrissures sont une autre raison de leur faveur, raison paradoxale puisqu'elles sont la marque typique des temps industriels que Huysmans déteste. Toujours est-il que ces dégradations contribuent à la détente du promeneur : il s'alanguit à l'unisson du paysage par un phénomène de « *plaintive accordance* » (*EM*; IV, 125) ; la banlieue pauvre et la Bièvre souillée ne sont-elles pas spectacles de vaincus ? Elle ont subi la même défaite que l'intimiste auquel la jungle de la ville et de la société moderne devient insupportable ; ainsi, devant la nature malade et la rivière asservie et corrompue « *de mélancoliques douceurs lui venaient, des apitoiements charitables pour cette nature souffreteuse* » (111). C'est un apitoiement narcissique.

vieux quartiers

L'importance que Huysmans accorde à la vallée de la Bièvre n'est pas due qu'au goût des paysages malades ; il aime aussi son vieux quartier près de la manufacture des Gobelins. *La Bièvre et Saint-Séverin,* composé de deux textes écrits séparément, titre son unité de son amour des vieilles rues ; il donne à voir à plusieurs reprises un décor urbain carrément fantastique : « *À la brune, alors que les réverbères à huile se balancent et clignotent au bout d'une corde, le paysage se heurte dans l'ombre et éclate en une prodigieuse eau-forte ; l'admirable Paris d'antan renaît, avec ses sentes tortueuses, ses culs-de-sac et ses venelles, ses pignons bousculés, ses toits qui se saluent et se touchent.* » (*B*; XI, 17-8). Mais Huysmans ne se limite pas aux vieux quartiers de Paris, au nombre desquels comptent aussi ceux de Saint-Sulpice, de Saint-Séverin, de Notre-Dame et de Saint-Merry ; il leur en adjoint d'autres, à Chartres, Rouen, Dijon, Bruges, Schiedam, Lübeck, Francfort-sur-le-Mein. Il en apprécie l'aspect oublié et désert, leurs

« *ruelles sourdes* » (*C*; XIV-1, 273). L'écart des lieux appelle une remontée dans le temps, et qu'un ancien commerce disparaisse dans telle rue aimée (celle du Chat-qui-pêche, près de Saint-Séverin) il opère alors une rectification imaginaire d'un passéisme exemplaire : « *Il aurait fallu que cette ruelle eût, à son autre extrémité, au coin de la rue de la Huchette, une échoppe de livres de théologie ou d'images de piété et un marchand de parchemin ou de chasubles, pour la mieux sortir du milieu trop moderne qui l'entoure.* » (*QSS*; XI, 45). Ce qu'il y aime encore, c'est leur caractère « *bancroche* » (44); le guingois et la sinuosité sont des traits qu'il apprécie et que ses descriptions accentuent, en les opposant à la géométrie moderne taxée d'américanisme.

cafés et restaurants

On sait l'usage qu'en fait *À vau-l'eau*, l'errance qui désespère Folantin. Paradoxalement, c'est le retrait hors de la foule et du siècle que notre solipsiste demande à ces lieux publics. Dire ces besoins, décrire l'espace qui les satisfait constituent le propos principal d'un texte comme celui des « Habitués de café », où Huysmans fait l'éloge de « *ces cafés d'aïeul, ces cafés immobiles dans le brouhaha d'un siècle, [qui] existent à Paris, sur la rive gauche de la Seine dont certains quartiers exhalent un fleur clérical et intime, antique et doux* » (*DT*; XVI, 35). Aussi n'omet-il pas de mentionner de tels endroits dans ses relations de voyage; en écrivant il y fait halte une seconde fois, à Hambourg — « *Et l'on regardait, coi, ravi, heureux de se sécher à l'abri de la pluie et du vent.* » (195) —, à Lübeck, dans certaines brasseries « *où l'on ne vit plus au XIXᵉ siècle, où l'on ne sait plus où l'on est et si Paris existe* » (206). Il sait gré à ces lieux modestes de ces brefs transports hors du temps.

La contemplation esthétique et la transposition d'art sont une activité favorite de Huysmans. Le musée est un décor familier où il aime à s'isoler. On sait comment des Esseintes orne les murs de sa thébaïde de ses gravures ou tableaux préférés. Huysmans évoque dans ses œuvres — romans ou proses diverses — le Louvre, le musée de Cassel, la salle des Memling à l'hôpital Saint-Jean de Bruges, les musées d'Anvers, de Dijon, de Colmar, de Francfort-sur-le-Mein. Très logiquement dans le texte des *Trois primitifs* consacré à l'œuvre de Grünewald exposée à Colmar, la méditation sur le polyptyque est prolongée par une rêverie sur le couvent qui l'abrite. Les musées de Huysmans sont aussi un lieu de retraite hors du monde moderne, qu'il ne rejoint ensuite qu'avec peine : « *J'ai pris la porte ; me revoici dans l'énorme ville ; je suis sans courage pour errer encore au travers de ses squares et de ses rues* [...]. » (*TP* ; XI, 357).

églises et chapelles

Dans *En route* Durtal se réfugie dans les églises au sortir du Louvre ; Huysmans fait de même à Francfort : « [...] *je vais dans le seul endroit où je puisse encore songer en paix à l'admirable Vierge de Flémalle, à l'église.* » (*TP* ; XI, 357). Dans les musées d'ailleurs il regrette que les œuvres d'art religieux aient quitté leur lieu d'origine et perdu ainsi leur fonction cultuelle : « *C'est une grande misère que de voir les tableaux mystiques enlevés de leur milieu, sortis de leurs entours* [...], *machinalement, on cherche en face d'eux un prie-Dieu et l'on ne découvre qu'une banquette dont le velours s'éraille, usé par l'indifférente fatigue des visiteurs.* » (*DT* ; XVI, 231).

À partir de *Là-bas* les refuges religieux ont une prédomi-
nance écrasante ; Durtal et Huysmans sont des visiteurs assi-
dus d'églises et les ouvrages parus après 1898 en adjoignirent
d'autres encore à toutes celles que nomment et décrivent plus
ou moins *En route* et *La Cathédrale.* Chaque relation de
voyage accorde une place au souvenir de leur visite. Il goûte
le climat propre à chacune d'une manière qui mêle les exigences du croyant à celles de l'esthète et de l'intimiste. Il en
vient même à juger les villes en fonction de leurs églises ; ainsi
cette hiérarchie entre Bruxelles et Bruges :

Bruxelles, avec ses boulevards Anspach, ses fontaines phénoménales,
ses églises fermées dès midi, ses illuminations furieuses, le soir, serait à
fuir si elle n'avait encore sauvé quelques-uns de ses vieux coins, sa
grand'place, les salles de son musée, Sainte Gudule, bien inférieure
pourtant aux cathédrales de France [...]. Elle appartient du reste, beaucoup moins à Dieu qu'aux horribles sacristies qui l'exploitent ; on s'y
promène en payant, et l'on ne prie pas.
À Bruges, au contraire, les églises sont ouvertes et l'on y célèbre des
Saluts quand vient la nuit. Je me rappelle la sensation de bien aise que
j'éprouvai, l'an dernier, lorsque j'entrai dans la cathédrale de Saint-
Sauveur.   (*DT* ; XVI, 222)

Il y cherche un réconfort analogue à celui que Notre-Dame de
Chartres procure à Durtal : celui d'un espace autre, où il se
sent chez lui, où protégé contre l'hostilité de la vie il peut
échapper à la désagrégation de soi. Une formule typique, où
le dedans et le dehors sont mis en situation d'affrontement,
termine l'éloge de Bruges, « *une ville délicieuse parce qu'elle
est dénuée de commerce et que, par conséquent, ses chapelles
sont vivantes et que ses rues sont mortes* » (*DT* ; XVI, 229).

Saint-Sulpice, Saint-Séverin, Notre-Dame des Victoires et la
chapelle bénédictine de la rue Monsieur : ce sont les quatre
sanctuaires parisiens qui ont sa préférence. L'architecture du
premier lui déplaît mais il en estime fort les chants et la
musique ; son goût est renforcé par l'entourage d'un vieux

quartier paisible, qu'il aime beaucoup (tout en détestant par ailleurs ses productions d'« art » religieux) ; il connaît ces lieux depuis son enfance : lorsqu'il était très jeune, ses parents habitèrent dans la rue Saint-Sulpice ; de 1876 à 1899 il vécut au 11 rue de Sèvres, non loin de cette église dont l'abbé Ferret, son confesseur et ami de 1892 à 1897, fut vicaire.

Saint-Séverin l'émeut par la qualité de son architecture, la vieillesse de son quartier. Aux passages élogieux qu'il lui consacre dans *En route* s'adjoignent les pages du *Quartier Saint-Séverin* où, après l'avoir qualifiée d'« *exquise* », il en décrit ainsi la perspective intérieure : « *Et l'on y va, à cette abside où se tiennent les réserves de Dieu, par un chemin vraiment mystique, car les allées accouplées qui y mènent, en filant de chaque côté le long de la grande nef, ont l'aspect tout claustral des routes hors du monde, des galeries de cloîtres !* » (*QSS*; XI, 121). Il s'y tenait de préférence près de la colonne d'axe surnommée « le palmier », autour de laquelle des colonnettes montent en s'enroulant comme des lianes.

Notre-Dame des Victoires le séduit, non par son architecture mais par sa dévotion mariale. Il la range au nombre des sanctuaires qui lui procurent des « *sensations d'intimité* » (*FL*; XVIII, 268) et Durtal, qui est bien en cela le double de l'auteur, en fait l'une de ses haltes favorites ; par exception la foule ne le rebute pas, car « *c'était dans ces groupes embrasés d'âmes une plénitude de recueillement* » (*Rt*; XIII-1, 154).

Rue Monsieur, dans un couvent de Bénédictines, se trouve « *ma douce et solitaire chapelle* » (p. 52[34]) ainsi qu'il la nomme dans une lettre de l'année 1895 à l'abbé Ferret. Pour Durtal aussi, dans *En route* et dans *L'Oblat* (quand il doit quitter le Val des Saints pour Paris, c'est à elle qu'il pense pour se réconforter), elle est un véritable conservatoire du plain-chant, à quoi s'adjoint la qualité de son site et de son architecture : « *Le fait est qu'elle réunissait toutes les conditions qu'il pouvait*

souhaiter; située dans une rue solitaire, elle était d'une inti-
mité pénétrante; l'architecte qui l'avait construite n'avait rien
innové et rien tenté; il l'avait bâtie dans le style gothique,
sans y ajouter aucune fantaisie de son cru. » (*Rt*; XIII-1, 181).

En 1893 enfin il découvrit hors de Paris un autre abri de
choix : la cathédrale de Chartres, dont l'ampleur et la conviction du volume qu'il lui a consacré disent bien ce qu'elle fut
pour lui. À l'intérieur même du sanctuaire il éprouve une
prédilection particulière pour la crypte romane de Notre-
Dame-sous-Terre; il prête à Durtal les joies de piété et de
quiétude qu'il confie par ailleurs à plusieurs de ses correspon-
dants, à Dom Micheau par exemple, le 30 décembre 1894 :
« *Je me suis consolé un peu de tout cela* [allusion aux difficultés de rédaction de *La Cathédrale*] *à Chartres, le jour de
Noël. L'admirable cathédrale! pleine d'effluves célestes!
Vraiment à cinq heures du matin, dans la vieille crypte, on
baigne dans une piété vraiment touchante de braves gens et
l'on y communie mieux que partout.* » (p. 182[10]).

4

THÉMATIQUE DU REFUGE

du réel à l'imaginaire

La topographie huysmansienne garde des attaches étroites avec de nombreux lieux réels et concourt ainsi au caractère autobiographique de l'œuvre ; mais aussi soucieux d'exactitude que soit un écrivain, la meilleure part de son travail — conscient ou non — est l'intégration de ses emprunts au réel dans l'univers imaginaire que son écriture constitue. Il n'est pas besoin d'une fiction pour que cette métamorphose se produise. Quand Huysmans « décrit » la cathédrale de Lübeck, le jeu des insistances et des métaphores édifie une représentation typique du regard intimiste : « [...] *ensuite, sur cette même place, j'avais visité une* TOUTE PETITE *cathédrale, dédiée à sainte Marie, et dont les* TOITS EN CAPUCHONS DE MOINES, *étaient posés tout de travers ; eux aussi semblaient peints avec de la cendre verte ; dans l'intérieur de l'église, c'était un mêli-mêlo de tous les styles. La* COQUE *de Sainte-Marie datait du XIIIe et du XIVe siècles* [...]. » (*DT* ; XVI, 203). L'accentuation de la petitesse, l'insistance sur les toits, à propos desquels le thème monastique reparaît, le terme *coque* suggérant un enveloppement dont la courbure accentue le caractère protecteur : ce sont autant d'interventions de l'imagination du refuge.

Un réseau de similitudes apparente ainsi les espaces désignés comme accueillants, par-delà les différences de leur nature et de leurs fonctions objectives. Les lieux évoqués dans le chapitre précédent sont tous perçus et aimés comme hors du monde ; il leur est d'abord demandé le même bienfait qu'aux intérieurs de logements : permettre à leur hôte de « *mûrir dans un silence authentique, loin des foules* » (*C* ; XIV-1, 72). Mais d'autres exigences s'adjoignent à celle de la séparation et déterminent positivement la configuration des refuges. L'action des schèmes de l'intimité commande ainsi un répertoire de représentations (aussi bien dans l'invention des lieux dits « réels » que des lieux métaphoriques) dont les principes organisateurs sont le renforcement des clôtures, l'enfouissement, l'enveloppement doux enfin.

immobile et massif

Des Esseintes veut un abri qui soit une « *arche immobile* » (*ÀR* ; VII, 10), son cabinet de travail est une pièce « *bien assise* » (32). Les attitudes et le langage de l'intimité manifestent bien cette constante : « *Et il fut pris par le charme de cette église,* [...] *et il finit par s'anonchalir, par* S'ACAGNARDER *sur une chaise, par n'avoir plus qu'un désir, celui de ne pas rentrer dans la rue, de ne pas sortir de son refuge, de* NE PLUS BOUGER. » (*Rt* ; XIII-1, 9). Aspirant à la stabilité, à la solidité renforcée, l'être huysmansien a horreur du mouvement et de la fluidité. Un paysage qui bouge est un paysage hostile : ce ciel « *où coulaient des fleuves silencieux de nuées rouges* » (*Rd* ; IX, 9), sous lesquelles Jacques Marles chemine vers le faux refuge du château de Lourps. Pour dire l'hostilité d'un paysage, Huysmans le met en mouvement, même si sa réalité objective s'y prête le moins, comme pour le site alpestre de la Salette, avec « *à perte de vue, des groupes de montagnes esca-*

ladant le ciel » (*C*; XIV-1, 16) et « *l'assaut, furieux, exaspéré des pics* » (18). Le même principe détermine les valeurs de l'eau ; est-elle immobile (les étangs de la Trappe de *En route*), son charme un peu mélancolique s'associe à la pensée d'un refuge parfait : « *La senteur tout à la fois câline et amère des eaux le grisait. Ah! se dit-il, le bonheur consiste certainement à être interné dans un lieu très fermé, dans une prison bien close, où une chapelle est toujours ouverte* [...]. » (*Rt*; XIII-2, 166-7). L'eau mouvante est en revanche l'élément de choix des métaphores du désastre : « DÉLUGE *de la sottise humaine* » (*ÀR*; VII, 10), dérive « À VAU-L'EAU » de Folantin, naufrage de Durtal : « *Tout est fini, pensa-t-il; je suis condamné à* FLOTTER, *ici-bas, tel qu'une* ÉPAVE *dont personne ne veut; aucune berge ne m'est désormais accessible* [...]. » (*Rt*; XIII-2).

À cette forme d'imagination du désastre répond une image de la réussite qui met l'accent sur l'immobilité et la solidité ; la foi est alors « *le seul* MÔLE *derrière lequel l'homme démâté puisse s'échouer en paix* » (*LB*; XII-2, 222). Le dernier chapitre de *L'Oblat* développe cette plainte de Durtal à Dieu : « *Il semblait que vous deviez me diriger sur un havre sûr. J'arrive — après quelles fatigues! — je m'assieds enfin et* LA CHAISE SE CASSE *! Est-ce que l'improbité du travail terrestre se répercuterait dans les ateliers de l'au-delà? Est-ce que les ébénistes célestes fabriqueraient, eux aussi, des sièges à bon marché qui s'effondrent dès qu'on se pose dessus?* » (*O*; XVII-2, 274). Le cabinet de travail de des Esseintes comporte donc « *une* MASSIVE *table de changeur du* XVe *siècle* » (*ÀR*; VII, 25). Une anecdote de *À rebours* affirme sur le mode inverse la même conviction ; elle évoque l'instabilité désastreuse, dans un appartement ordinaire d'un mobilier courbe conçu pour des pièces en rotonde, blason burlesque de l'échec d'un couple, fatal dans l'univers huysmansien : « *Peu à peu cet encombrant mobilier devint une source d'intarissables ennuis; l'entente*

déjà fêlée par une vie commune, s'effrita de semaine en
semaine; ils s'indignèrent, se reprochant mutuellement de ne
pouvoir demeurer dans ce salon où les canapés et les consoles
ne touchaient pas aux murs et branlaient aussitôt qu'on les
frôlait, malgré leurs cales. » (105).

Pour l'essentiel — la clôture protectrice — rien ne vaut la
muraille épaisse de bonnes pierres, dont il vante la présence
dans les maisons d'autrefois et dénonce l'absence dans « *les
bâtisses en carton-pâte de notre temps* » (*LB*; XII-2, 24). Les
excellents refuges, comme le logis des Carhaix dans une tour
de Saint-Sulpice ou la salle du chapître de Saint-Germain
l'Auxerrois, sont faits d'épaisses murailles. On peut d'ailleurs
déceler chez Huysmans, de façon générale, le sens de la
pierre, le plaisir de la massiveté, un coup d'œil caractéristique,
par exemple dans cette brève image d'une salle de l'abbaye du
Val des Saints : « [...] *massive, à murs énormes, si profonds
que dans les embrasures des deux croisées l'éclairant sur le
jardin, l'on aurait pu y allonger des lits.* » (*O*; XVII-1, 61). Adhésion, plaisir, idée fugace de repos sous-tendent ce texte. C'est
bien le même auteur qui déplore en ces termes la décadence
du clergé séculier : « *les soutaniers ont maintenant des cœurs*
LÉZARDÉS » (*LB*; XII-2, 234).

enceintes et abris fortifiés

Son œuvre montre un vif intérêt pour les sociétés enfer-
mées; de la maison close (*Marthe, histoire d'une fille*) au
monastère (*En route* et *L'Oblat*), sans omettre l'hôpital (*Sac
au dos*), elle les prend volontiers pour cadre, voire pour sujet.
L'aspiration au renfermement protecteur l'entraîne à privilégier
les représentations d'enceintes; « [...] *un mur, immense en
pierres meulières, couleur d'amande grillée, pareil à ceux des
réservoirs de Paris* [...]. » (*C*; XIV-2, 120) : telle est la première

image du Carmel de Chartres où Durtal éprouvera le réconfort de se sentir pour un moment loin de tout. C'est d'abord le plaisir de se circonscrire, comme au château de Tiffauges dans « *cet énorme* CERCLE *où des cavaleries avaient feraillé dans des cliquetis de charges, où des processions s'étaient déroulées dans la fumée des encens et le chant des psaumes* » (*LB*; XII-1, 179). Durtal y éprouve une heureuse détente à s'y « *promener pendant des heures, fouiller les ruines, rêver en fumant, à l'aise* »; Jacques Marles trouve aussi au milieu de ses misères un réconfort dans le petit cimetière oublié « *enclos de palis* » (*Rd*; IX, 229) qui jouxte l'église voisine du château. Ce type d'espace est en effet propice à l'intimiste épris de « *vie murée* » (*Rt*; XIII-1, 107), soucieux que son « *domaine* » (*C*; XIV-2, 289) — métaphores révélatrices — soit bien clos.

Même Notre-Dame de Chartres prend l'allure d'une forteresse : « [...] *elle montait, d'allure érémitique, sobre d'ornements, cyclopéenne, avec l'œil colossal de sa rose morte, entre les deux tours* [...]. » (*C*; XIV-1, 335). Ailleurs des emprunts au vocabulaire de la fortification et de la guerre de siège disent métaphoriquement les rapports de l'âme ou de l'Église avec le monde; elles sont une forteresse ou un camp retranché en butte aux agressions du Malin : « [...] *il se démène et concentre ses efforts sur un seul point; et, ce qui est lamentable, c'est que, si, se défiant de sa ruse, l'on fortifie ce point, l'on dégarnit les autres et alors il simule l'assaut du rempart armé, consent même à reculer, à s'avouer vaincu et il pénètre pendant ce temps par la poterne que l'on a laissée sans défense, parce qu'on la croyait à l'abri du danger et close* » (*O*; XVII-1, 156). Il n'est pas étonnant que dans l'œuvre de Poe le château Usher lui ait inspiré cette métaphore de l'état spirituel de Durtal : « *Les salles de son château interne étaient vides et froides, cernées* [...] *par un étang dont les brouillards finissaient par pénétrer, par fêler la coque usée des murs.* » (*C*; XIV-1, 54).

Il apprécie donc et réutilise l'expression mystique de sainte Thérèse d'Avila, les « *châteaux de l'âme* » (33, 55). À Gilles de Rais succède le châtelain Durtal : il « *se cloîtra mentalement, pour tout dire, dans le château de Tiffauges* » (*LB*; XII-1, 30). Le château de Lourps n'est pas fortifié, mais qu'à cela ne tienne ! ses substructions au moins sont médiévales, et quand Jacques Marles fait diversion à son spleen en les explorant, là encore un regard attentif est porté sur « *la surprenante épaisseur de ces murs dans lesquels apparaissaient, de temps à autre, au bout d'un creux d'au moins deux mètres, des soupiraux, debout, en forme d'I* » (*Rd*; IX, 194).

tours et clochers

Du château à la tour le passage est aisé. L'altitude y accroît la sécurité. La fonction objective des lieux importe d'ailleurs peu. Même si Huysmans montre dans *Là-bas* de l'intérêt pour l'histoire et la symbolique des cloches, un clocher n'est pas d'abord pour lui une construction faite pour leur support ; il les approprie à son usage, en fait les appuis matériels d'une vocation, sinon de solitude, du moins d'écart ; leur verticalité inscrit en outre dans le concret et aide à réaliser spirituellement cet arrachement au monde social et au temps nécessaires aux bonheurs huysmansiens.

La tour nord de Saint-Sulpice, habitat du sonneur Carhaix, est ainsi un refuge exemplaire, le support de l'une des rêveries d'intimité les plus typiques de toute l'œuvre :

se disait, regardant cette pièce intime et ces bonnes gens : si l'on pouvait, en agençant cette chambre, s'installer ici, au-dessus de Paris, un séjour balsamique et douillet, un havre tiède. Alors, on pourrait mener, seul, dans les nuages, là-haut, la réparante vie des solitudes et parfaire, pendant des années, son livre. Et puis, quel fabuleux bonheur ce serait que d'exister enfin, à l'écart du temps, et, alors que le raz de la sottise humaine viendrait déferler au bas des tours, de feuilleter de très vieux bouquins, sous les lueurs rabattues d'une ardente lampe !

(*LB*; XII-1, 58-9)

La dernière page du livre y réunit, au-dessus d'une foule dont l'enthousiasme boulangiste est présenté comme le raz de marée de la sottise du siècle, Carhaix, des Hermies et Durtal, tous trois plus ou moins porte-paroles ou doubles de l'auteur. Toutes les tours huysmansiennes participent plus ou moins aux qualités de celle-là, y compris les clochers de Notre-Dame de Chartres en face desquels Durtal a choisi son logis : à défaut de pouvoir habiter l'un d'eux (Huysmans compose ici avec le principe de réalité), il se contente de les regarder de sa fenêtre et d'écouter les cris de leurs corneilles et leurs sonneries.

Clochers ou donjons, pour l'intimiste c'est tout un ; il passe aisément de l'architecture religieuse à la militaire, à Bruges par exemple pour l'« *église Saint-Sauveur surmontée d'une tour massive de briques assombries par les ans, une sorte de forteresse, de donjon militaire* » (*DT*; XVI, 224). Il est encore d'autres donjons qu'il se donne le plaisir de nommer, l'un qui domine le décor urbain de « L'image d'Épinal » (*CP*), d'autres que des miniatures évoquées dans *L'Oblat* nous font apercevoir : la croisée d'intérieurs charmants y encadre la vue « *de verts paysages à allées très pâles, menant à de petits donjons* » (*O*; XVII-2, 95). Avec quelle facilité s'y laisse-t-il conduire ! « Le Quartier Notre-Dame », texte recueilli dans *De tout* comporte un curieux passage consacré à un monument appelé « la tour de Dagobert »[35]. Que l'auteur se demande sérieusement si Dagobert l'a habitée ou si elle a été construite sous son règne fait douter du sérieux historique de son exploration du vieux Paris ; ici comme dans d'autres textes du même genre la minutie érudite sert de façade et de support à de petits délires. Bref, après avoir tout de même conclu à l'ignorance quant à la véracité de cette appellation, Huysmans poursuit ainsi :

[...] mais elle n'en est pas moins bizarre ; et l'on est transporté bien loin de notre temps, lorsque, après avoir traversé une vieille cour [...] l'on grimpe son escalier en vrille dont la tige de chêne s'élance d'un jet, en virevoltant sur elle-même, du bas de la tour jusqu'à sa cime. L'on monte dans l'ombre et, peu à peu, les marches s'éclairent ; des pièces massives s'ouvrent de tous côtés, des pièces aux murs énormes, au plafond dénudé, rayé par des saillies brunes de poutres, et finalement l'on aboutit en plein air, par une vague échauguette, sur une plate-forme de zinc. (*DT*; XVI, 84)

Les tours de Huysmans ne sont jamais le support d'une exaltation de type héroïque liée à la situation d'altitude et à l'ampleur du paysage, comme il arrive chez Stendhal quand Julien Sorel escalade la montagne qui domine Verrières. Quand le visiteur de la tour Dagobert débouche sur la plate-forme qui la couronne, la proximité de Notre-Dame prend le relais de l'enveloppe protectrice des murs, le regard bute et s'absorbe dans son univers médiéval ; dans d'autres directions il se glisse malaisément dans les perspectives sinueuses d'un encombrement de toits et l'appellation (élogieuse) de « Cour des Miracles » contribue à extraire ce coin hors du Paris contemporain. Ainsi Huysmans reste-t-il enfermé dans sa tour, même quand il regarde au-dehors. Dans *Là-bas* Durtal refuse carrément de monter sur la plate-forme du clocher, car il y verrait des monuments modernes qui lui rappelleraient tout ce qui le blesse (*LB*; XII-2, 122). Lui aussi est doté de cette vulnérabilité qui relance sans cesse l'imagination des refuges et adjoint aux châteaux, aux tours et aux clochers d'autres asiles où les clôtures sont redoublées.

abris emboîtés

La redondance vient au secours de l'imagination d'intimité protégée. Autour du clocher de Saint-Sauveur de Bruges, lui-même déjà comparé à une forteresse, elle installe « *un cercle de canaux verts* » (*DT*; XVI, 224); la différence entre la « description » de Huysmans et la réalité est instructive car ni une ceinture de canaux ni rien d'approchant n'existe à proximité. Ce renforcement par la redondance ordonne aussi des représentations étrangères au domaine de l'architecture militaire. Une structure d'emboîtement commande un curieux aménagement dans la thébaïde de des Esseintes; la salle à manger, construite en bois pour évoquer la cabine d'un paquebot (thème du voyage immobile), n'occupe pas tout le volume de la pièce où elle est située : « *Ainsi que ces boîtes du Japon qui entrent, les unes dans les autres, cette pièce était insérée dans une pièce plus grande, qui était la véritable salle à manger bâtie par l'architecte.* » (*ÀR*; VII, 29). La même structure est lisible quand les béguinages de Gand et de Bruges, auquel rêve Durtal dans *L'Oblat*, sont définis comme des « *petites villes situées dans les grandes* » (*O*; XVII-2, 143); l'emboîtement est même triple dans ce cas puisque leurs habitants y vivent chacun dans de « *minuscules maisons* ».

filtrages

Dans la salle à manger de sa demeure des Esseintes a donc fait obturer l'une des deux fenêtres de la salle originale; l'autre ouvre toujours sur l'extérieur, mais d'une manière qui soumet à un filtrage précautionneux cette unique communication avec le dehors : « [...] *elle était placée juste en face du hublot pratiqué dans la boiserie, mais condamnée; en effet, un grand aquarium occupait tout l'espace compris entre ce hublot et cette réelle fenêtre ouverte dans le vrai mur. Le jour traversait donc pour éclairer la cabine, la croisée, dont les carreaux avaient été remplacés par une glace sans tain, l'eau, et en dernier lieu, la vitre à demeure du sabord.* » (*ÀR*; VII, 30). Système complexe qui n'interpose pas moins de trois obstacles à la nocivité de l'air extérieur. Comme Jean Rousset l'a montré à propos de *Madame Bovary* dans *Forme et signification*, le caractère limitrophe des fenêtres leur assure une valeur stratégique forte dans certains univers imaginaires. Les fenêtres huysmansiennes sont faites pour être fermées[36]. Celles du cabinet de travail sont aussi l'occasion d'un remarquable développement du schème du renfermement sur le mode du filtrage ; d'épais rideaux aux teintes sourdes secondent en effet l'opacité de leurs vitrages : « *Les croisées dont les vitres craquelées, bleuâtres, parsemées de culs de bouteille aux bosses piquetées d'or, interceptaient la vue de la campagne et ne laissaient pénétrer qu'une lumière feinte, se vêtirent à leur tour, de rideaux taillés dans de vieilles étoles, dont l'or assombri et quasi sauré, s'éteignait dans la trame d'un roux presque mort.* » (26).

Mais ce motif est trop étroitement lié à un schème essentiel pour ne pas déborder le domaine des aménagements d'intérieurs : il reparaît dans l'univers spiritualisé d'après la conversion, où il énonce, métaphoriquement, la métamorphose morale des novices par le renfermement du cloître : « *Il semblerait vraiment que le cloître a filtré l'eau du regard qui était trouble auparavant, qu'il l'a débarrassée des graviers qu'y déposèrent les images du monde* [...]. » (*O*; XVII-1, 90). Aux filtrages profanes de *À rebours* correspondent aussi les filtres sacrés évoqués dans *En route* et dans *La Cathédrale*, où les vitres de sanctuaires sont à deux reprises l'occasion d'étonnantes évocations. Quand Durtal va prier dans la chapelle de Notre-Dame de l'Atre, il contemple l'ouverture circulaire percée dans la rotonde où se trouve le maître autel ; après une nuit tourmentée, il vit un moment de sérénité ; il a le sentiment d'être arrivé au port, d'être réconcilié avec lui-même, à l'aise dans ce monde monastique dont il appréhendait tant l'expérience, et il voit ainsi cette lucarne ronde : « *On eût dit d'une immense médaille claire, tamisant un jour pâle, le blutant au travers d'oraisons, ne le laissant pénétrer que sanctifié* [...]. » (*Rt* ; XVIII-2, 243). Les lettres gravées sur la médaille de saint Benoît sont reproduites sur la vitre ; placées à l'endroit stratégique où s'accomplit une communication avec l'extérieur — réticente et toute incline à s'annuler — ces initiales de paroles conjuratoires[37] constituent une sorte de talisman. De même, dans le premier passage de *La Cathédrale* consacré à la crypte de Notre-Dame de Chartres, la protection de la croix redouble le filtrage matériel des vitres quand Durtal se tient dans l'espace central d'où son regard décrit avec satisfaction la courbe qui l'abrite :

À cette heure le souterrain était devenu, avec l'aube, plus clair ; ses corridors au bout desquels apparaissaient des autels adossés à des vitrages demeuraient, par leur disposition même, encore sombres, mais à la fin de chacun d'eux, l'on distinguait presque nettement une croix mouvante d'or, montant et s'abaissant avec le dos d'un prêtre, entre deux pâles étoiles scintillant, de chaque côté, au-dessus du tabernacle, tandis qu'une troisième, plus basse et à la flamme plus rose, éclairait le missel et le lin des nappes.

(C ; XIV-1, 130)

calfeutrage

Le calfeutrage sert le même dessein d'isolation protectrice. À la différence des représentations à base de murailles dont la robustesse et l'épaisseur suggèrent la nudité et une certaine rudesse, le calfeutrage renvoie au confort et au blottissement frileux ; cependant, il est aussi — et d'abord — une obturation des communications avec l'extérieur. *Être calfeutré - se calfeutrer* sont des termes privilégiés du vocabulaire huysmansien ; quand ils ne renvoient pas à une action matérielle d'aménagement intérieur, ils désignent métaphoriquement, sur un mode régressif, le désir de retraite des héros ; ce sont chez des Esseintes, entre autres, des « *idées de se blottir, loin du monde, de se calfeutrer dans une retraite* » (*ÀR*; VII, 12). Le calfeutrage et la redondance sont clairement perceptibles aussi dans l'accumulation propre aux intérieurs huysmansiens : la profusion de livres, de bibelots, de tableaux y double — « habille » comme dit l'auteur — la barrière des murs.

Des accessoires élémentaires peuvent remplir ce rôle quand la jouissance d'intimité se limite au domaine matériel : « *Une douce chaleur emplissait la chambre ; les rideaux avaient été tirés, Désirée avait mis un vieil essuie-mains sous la porte pour empêcher les vents coulis, un grand bien-être, une tiédeur de somnolence les envahissaient.* » (*SV*; III, 42). Mais la confrontation avec d'autres textes fait apparaître derrière le vérisme naturaliste du vieil essuie-mains un principe récurrent, présent quand des Esseintes revêt ses fenêtres d'étoffes dont la couleur aide à l'exténuation de ce qui vient de l'extérieur, présent encore dans cette évocation de la pénombre bienfaisante de Notre-Dame de Chartres : « *Très sombre, au parvis et dans les avenues de la nef, la lumière fluait mystérieuse et sans cesse atténuée le long de ce parcours. Elle s'éteignait dans les vitraux arrêtée par d'obscurs évêques, par d'illucides saints qui remplissaient en entier les fenêtres aux bordures enfumées, aux teintes sourdes des tapis persans* » (*C*; XIV-1, 47). Il y a loin du vieil essuie-mains des *Sœurs Vatard* aux rideaux de *À rebours* taillés dans des étoles, et il y a plus loin encore de la vieille loque naturaliste aux fastueux tapis persans introduits dans la cathédrale par le biais d'une comparaison ; mais si les matériaux changent à l'unisson des étapes de l'évolution huysmansienne, le désir qui les manipule demeure inchangé.

profondeurs

C'est en ces termes que Huysmans s'en prend au naturalisme : « *lourd badigeon de son gros style* » (*LB*; XII-1, 5), art « *plat* » (8), « *style en mauvais verres de couleur* » (9). Pour sortir de ce qu'il présente donc comme une littérature réduite aux apparences, il faudrait un écrivain « *puisatier d'âme* » (11) ; profondeur et surface : cette dernière est toujours dévalorisée dans son œuvre. Veut-il signifier que *À rebours*, quand il en écrit la préface en 1903, lui semble insuffisant et d'ailleurs dépassé par l'évolution ultérieure de son œuvre, en prenant pour exemple les passages de *À rebours* et de *La Cathédrale* qui traitent des pierreries il écrit : « *Le chapitre d'*À rebours *n'est donc que superficiel et à fleur de chaton* [...] *Il se compose d'écrins plus ou moins bien décrits, plus ou moins bien rangés en une montre, mais c'est tout et ce n'est pas assez.* » (*ÀR*; VII, XVI). En revanche, la profondeur, y compris dans son acception la plus matérielle, lui sert à dire le progrès accompli :

J'ai animé les pierreries mortes d'*À rebours*. Sans doute, je ne nie pas qu'une belle émeraude puisse être admirée pour les étincelles qui grésillent dans le feu de son eau verte [...].
Sans admettre avec un vieil auteur du XVIᵉ siècle, Estienne de Clave, que les pierreries s'engendrent, ainsi que des personnes naturelles, d'une semence éparse dans la matrice du sol, l'on peut très bien dire qu'elles sont des minéraux significatifs, des substances loquaces, qu'elles sont en un mot, des symboles.   (*ÀR*; VII, xv)

Son imagination, sinon sa raison, admet l'hypothèse d'Estienne de Clave, dont le caractère substantialiste et tellurique l'enchante. À ce niveau les thèmes de l'intimité et de l'imagination des substances sont en union étroite : « *Pour l'esprit pré-scientifique, la substance a un intérieur; mieux, la substance est un intérieur* »[38], ou bien encore : « *On sent bien que le rêve des substances se fait* contre *les phénomènes de la substance, que le rêve de l'intimité est le devenir d'un secret* [...]. » (p. 50[9]).

La pensée de la profondeur participe ainsi chez Huysmans à la valorisation intimiste des domaines du dedans. Concentration de la pensée, qualité d'une contemplation... — « *Abîmé dans l'extase, il voit resplendir les féeriques visions, les sanglantes apothéoses des autres âges.* » (*AM*; VI, 152) — l'expression significative *s'abîmer dans* dira donc le génie de rêverie et de création de Gustave Moreau, comme la fascination exercée sur des Esseintes par les planches des *Caprices* de Goya : « *il s'abîma en elles* » (*ÀR*; VII, 152). Démarche involutive orientée vers le cœur des choses pour s'y blottir; l'introversion croissante de l'œuvre huysmansienne ajoute une détermination à celles qui privilégient la descente : « *en rêvant la profondeur, nous rêvons notre profondeur* » (p. 51[9]); ainsi la métaphore du cellier utilisée par Huysmans en matière de spiritualité : « *Il est vrai que Lui se réserve d'habiter les celliers intimes* [...]. » (*C*; XIV-1, 33), écrit-il à propos du Christ.

Pour l'imagination, ce qui est au-dessous est aussi avant nous; descendre c'est aussi s'éloigner dans le passé. Pour évoquer le dégoût que leur temps cause aux grands artistes, Huysmans les fait se jeter « *dans les gouffres des âges révolus* » (*Cert.*; X, 20). La superposition bien réelle des strates, le recouvrement des vestiges successifs dans les villes anciennes apportent un aliment de choix à ce tropisme de la profondeur. Cette coïncidence entre une réalité urbaine et cette orientation de son imaginaire contribua à son goût d'explorer le vieux Paris. Dans cet espace sa démarche s'effectue à rebours du temps; il s'éloigne de la surface neuve vers les lieux âgés qu'elle masque et recèle :

Il faut pénétrer dans l'intérieur même de ces bâtisses pour les entendre enfin parler et pour y découvrir parfois les plus curieux vestiges qui subsistent d'un Paris mort.
L'on demeure surpris alors, en s'apercevant que des morceaux entiers d'édifices, datant du Moyen Âge et même d'avant, vivent enfouis sous la croûte de masures à peine âgées [...].
(*DT*; XVI, 83-4)

fonction narrative des lieux souterrains

La mention de cryptes et de souterrains très anciens sous le château de *En rade* et l'église voisine coïncide avec l'un des pires moments de Jacques Marles; sa rêverie s'oriente vers eux comme vers un autre monde, rompant avec les duretés de la vie; on lit bien quel appel l'attire vers cet en-bas dans la songerie qui accompagne sa découverte des pierres tombales des anciens suzerains dans le pavage de l'église :

Personne dans le pays ne connaissait ces tombes à peine foulées, le dimanche, par un négligent prêtre, et par d'indifférentes ouailles. Il marchait sur les anciens suzerains oubliés dans leur vieille chapelle du château de Lourps. Comme cela mettait loin! [...] Ah! si l'oncle Antoine permettait de desceller les caves du château et de pénétrer dans les souterrains par la crypte de l'église, peut-être bien qu'on y découvrirait de curieux restes !
(*Rd*; IX, 234)

Le désir du héros (un double approximatif de l'auteur) contraste avec l'indifférence du curé et des fidèles, des êtres médiocres, tout d'inattention et de surface.
Le même mouvement s'opère à Chartres : descendre dans la crypte de la cathédrale, un asile privilégié pour Durtal : « [...] *se réfugier auprès de Notre-Dame de Sous-Terre.* » (*C*; XIV-2, 113-4) —. C'est un sanctuaire superlatif, dont Huysmans écrit la louange dès le quatrième chapitre de son livre. Mais dans les moments de grand désarroi le mouvement de fuite et de descente se prolonge encore plus bas :

Et souvent avant de se séparer de la Mère, il voulait la visiter encore dans ses réduits, là, où depuis le moyen âge, les fidèles ne vont plus ; et il allumait un bout de cierge, quittait la nef même, longeait les murs tournants du couloir d'entrée jusqu'à la sacristie de cette cave et, en face, dans la lourde muraille, s'enfonçait une porte treillagée de fer. Il descendait par un petit escalier dans un souterrain qui était l'ancien martyrium où l'on cachait jadis, en temps de guerre, la sainte châsse. Un autel avait été édifié sous le vocable de saint Lubin, au centre de ce trou. Dans la crypte, l'on percevait encore le bourdon lointain des cloches, le bruissement sourd de la cathédrale s'étendant au-dessus d'elle ; là, plus rien ; l'on était enfoui dans une tombe ; malheureusement, d'ignobles colonnes carrées, blanchies au lait de chaux, érigées pour consolider le groupe de Bridan, placé dans le chœur de la basilique, sur l'autel, gâtaient l'allure barbare de cette oubliette, égarée dans la nuit des âges, au fond du sol.

Et il en sortait quand même soulagé [...].   (*C* ; XIV-2, 118-9)

Texte exemplaire dans sa minutie et sa lenteur complaisante à dire l'éloignement loin de la surface et du temps ; la descente y débouche sur le réconfort d'un véritable enfouissement.

un tropisme chthonien

Sans la dramatisation de *En rade* et de *La Cathédrale* parce que l'auteur n'y utilise pas le truchement d'un personnage, d'autres textes évoquent aussi ce genre de bonheur. Une relation d'un séjour à Lübeck commence par l'agréable souvenir d'un restaurant souterrain : « *Je ne crois pas m'être trouvé en un lieu plus reculé dans le fond des âges que ce soir-là où j'étais assis dans un souterrain, sous une voûte taillée en ogive* [...]. » (*DT* ; XVI, 199). De tels endroits sont toujours bénéfiques pour notre intimiste, et cette conviction est en particulier affirmée pour un lieu familier, l'ancien couvent de Prémontrés, 11 rue de Sèvres, logis qu'il connut à l'âge de huit ans et où il résida longtemps : « [...] *cette bâtisse vaut par ses superbes caves, taillées en ogive, pareilles à des nefs d'églises.*

[...] *ces celliers bonifiaient merveilleusement le vin et je me rappelle ces vieux bourgognes pelure d'oignon dont ma famille était fière et que des années de bouteille dans le sable de ces cryptes rendaient incomparables. Ils parfumaient quand on débouchait, la pièce* [...].* » (20). Peut-être; dans le texte en tout cas la qualité conventuelle et médiévale de ces caves se transmet même au vin. La rêverie des profondeurs bienfaisantes apparente ainsi des pages où l'être huysmansien songe, prie, boit et mange. Sous diverses modalités l'imagination d'intimité protégée s'y développe dans le registre des abris enfouis.

Cette attirance engage personnellement l'auteur plus qu'on ne l'aurait cru dans les textes consacrés au vieux Paris (*La Bièvre et Saint-Séverin, De tout* contiennent les plus typiques); leur apparence est souvent anodine car ils relèvent de la monographie mi-érudite, mi-touristique, volontiers pittoresque; mais le projet d'intimité s'y manifeste aussi et les intègre à l'univers imaginaire de l'écrivain; il influe sur le rendu du décor et guide le mouvement de l'écriture. La description de l'église Saint-Julien le Pauvre obéit à ce principe d'organisation : « *Là, elle s'étend de profil, minuscule, parmi ce tas de masures géantes qui l'entourent. Elle surgit à quelques pieds de terre,* [...] *Dans la cour où elle se cache* [...]. » (*QSS*; XI, 65-66). Quand Durtal, héritier du goût de Huysmans pour l'église Saint-Séverin, s'irrite contre les architectes qui projetaient de la dégager de son environnement, l'argument invoqué montre que cette protestation n'est pas seulement dictée par le sentiment juste de l'accord d'un monument et de son site :

Au moyen âge, elle était UN MONUMENT D'INTÉRIEUR et non une de ces impétueuses basiliques que l'on dressait en évidence sur de grandes places.

[...] aussi serait-ce le contre-sens le plus absolu que de la sortir de son milieu, que de lui enlever ce jour d'éternel crépuscule [...].

(*Rt*; XIII-1, 56-7)

L'enjeu est bien la qualité d'intimité, ou d'intériorité, et la pénombre qui apparente ce lieu aux espaces souterrains.

Un bref passage de *L'Oblat* indique de quelle excellence est dotée cette sorte de situation et de configuration : « *Ah! vous requérez, vous aussi, des saints. Hélas! le coin est quasi brisé et le grand Monnayeur n'en frappe guères... çà et là, pour-tant, en des* RETRAITS *de province ou des* FONDS *de ville.* » (*O*; XVII-1, 270). Ainsi Huysmans privilégie-t-il tous les creux — réels ou métaphoriques — où la jouissance de l'intimité proté-gée naît d'un éloignement dans un retrait souterrain. Ce tro-pisme chthonien est assez fort pour que, malgré son peu de goût pour la nature, il mette en bon rang parmi ses espaces favoris les grottes, une forme naturelle de refuge.

grottes

Les premières en date dans l'œuvre, à notre connaissance, sont celles du parc Monceau ; Huysmans en parle dans un « croquis parisien » paru en 1881, non repris ensuite dans les volumes de ses œuvres :

[...] l'on pourrait, en citant les MINIATURES industrielles des fausses grottes, les réductions d'étangs et les diminutifs de ponts champêtres du parc Monceau, ce BOUDOIR planté d'arbricules et de rocs en PÂTE TENDRE, cette sorte de Petit Trianon du présent siècle, démontrer com-bien ces préciosités, ces maniérismes, ce factice de nature, sont le cadre nécessaire et charmant, propre à ENVELOPPER l'élégance de parvenu de ce quartier riche.[39]

Peu importe que ces grottes soient artificielles : elles sont un hommage aux naturelles. Le texte abonde en suggestions d'aise douillette, de gentillesse enveloppante, en même temps qu'apparaissent les miniaturisations liées à l'imagination d'inti-mité[40]. Plus sérieusement, *Là-haut* fait référence à une grotte naturelle et sacrée, celle de la Sainte-Baume, entre Marseille et

Toulon, un lieu de pèlerinage dont Madame Bavoil vante à Durtal les qualités pacifiantes : « *Si vous saviez comme la grotte est belle et avec quelle ferveur on y prie! Les larmes de Madeleine s'égouttent encore du rocher dans le bassin qu'elles creusèrent; puis le roc est béni, les plantes de la montagne sont sanctifiées* [...]. » (*LH*, 102).

Mais c'est à Lourdes que Huysmans trouva en 1903 la grotte merveilleuse. La ville, le reste du sanctuaire, il ne les aime guère, les déteste parfois ; l'aspect de bazar pieux, la crédulité et le tumulte des foules le repoussent ; il le dit dans son livre même, et d'une façon plus vive dans sa correspondance[41]. Mais de la grotte en revanche il parle avec plaisir, voire avec enthousiasme ; elle est le site privilégié de son livre, il la visite souvent, la met au nombre de ses havres : « *À cette heure, la grotte désencombrée est douce* [...]. » (*FL*; XVIII, 267).

À ces grottes réelles s'ajoutent les peintes et les métaphoriques. L'imaginaire huysmansien rencontre ainsi dans ses errements l'un des attributs ordinaires du thème érémitique, en peinture (image traditionnelle de saint Jérôme ou de saint Antoine), et en littérature (le missionnaire dans *Atala* de Chateaubriand). Durtal possède un vieux tableau dont une scène montre un saint retiré dans une grotte (*LB*; XII-1, 121). Enfin la vision huysmansienne sait façonner des retraites : une description nocturne de l'extérieur de Notre-Dame de Chartres en modèle les porches en « *cavernes pleines de nuit* [...] *L'on avait l'illusion d'une montagne déchiquetée à sa cime par des tempêtes, creusée dans le bas par des océans disparus, de profondes grottes* » (*C*; XIV-1, 291), métamorphose logique d'un édifice qui est un bon asile.

La grotte et la crypte (Huysmans dit aussi « la cave ») sont similaires pour l'imaginaire, qui passe aisément de l'un à l'autre. La seconde affleure sous la première quand la grotte de Lourdes est présentée comme « *un trou de feu, creusé dans le roc, au-dessous de la basilique même ; c'est une cave de flammes qui brûle sous son flanc* » (*FL*; XVIII, 33). Huysmans est un amateur de cryptes : la relation, au chapitre treizième de *La Cathédrale*, d'une visite de Durtal à la vieille église chartraine de Saint-Martin-au-Val est principalement consacrée à son niveau souterrain : la narration marque alors une pause, la description devient plus précise (*C*; XIV-2, 161-2).

Mais la crypte exemplaire est celle de Notre-Dame de Chartres ; aucun espace souterrain n'égale ses qualités dans l'univers huysmansien. On voudrait citer intégralement la splendide louange qui en est faite ; description, méditation, lyrisme du bon abri s'y mêlent dans un climat de ferveur : « *Une tiédeur extraordinaire soufflait dans ce caveau qui répandait aussi un singulier parfum où revenait, dans un souvenir de terre humide, un relent de cire chaude* [...] *C'était une exhalaison mystérieuse et confuse, comme la crypte même qui, avec ses lueurs furtives et ses pans d'ombre, était à la fois pénitentielle et douillette, étrange.* » (*C*; XIV-1, 120-1). Tiède et ténébreuse, elle est ainsi mieux accordée encore que la nef aux états d'âme où l'homme huysmansien désire davantage de pénombre ; elle est « *enveloppante et discrète, et si tépide et si douce !* » (136).

À l'intérieur même de l'espace protégé de la cathédrale, les qualités d'intimité y sont à leur paroxysme. L'épaisseur des murs, l'exiguïté (la voûte est basse), l'obscurité, la paix, l'enfouissement et la fonction sacrée y conjuguent leurs vertus d'isolement et de protection. Quand Huysmans dit préférer la

Vierge de Chartres à celle de Lourdes, c'est à la crypte et aux joies qu'elle lui donne qu'il fait référence : « [...] *je me rappelle l'ombre délicieuse de la crypte de la cathédrale de Chartres, au petit jour, cette cave silencieuse où j'étais si bien auprès d'Elle; [...] à Chartres, l'on est seul avec Elle dans une chambre close [...].* » (*FL*; XVIII, 268). Même enthousiasme dans sa correspondance, et à partir de 1894, dans sa vie, l'habitude d'y assister à la messe de Noël. La relation d'un office dans Notre-Dame sous-terre est un magnifique exemple de « *liturgie des cryptes* » (p. 183[9]) : « *Vraiment dans cette atmosphère de prières rabattues par le* LOURD PLAFOND, *dans ce milieu de sœurs et de femmes agenouillées, Durtal eut l'idée d'un* PREMIER CHRISTIANISME ENFOUI *dans les catacombes; c'était la même tendresse éperdue, la même foi.* » (*C*; XIV-1, 123-4).

La morphologie et les attributs religieux de ce lieu clos permettent donc à l'imagination de l'éprouver sur les modes matériel et spirituel. Ce creux accueillant est aussi une grotte, et sacrée qui plus est; Huysmans n'a pas omis la tradition qui mentionne à l'emplacement même de la cathédrale, un lieu de culte souterrain antérieur au christianisme :

Songez que Chartres est le premier oratoire que Notre-Dame ait eu en France. Il se relie aux temps messianiques, car bien avant que la fille de Joachim ne fût née, les Druides avaient instauré, dans la grotte qui est devenue notre crypte, un autel à « la Vierge qui devait enfanter », « Virgini Pariturae ».   (*C*; XIV-1, 101)

Huysmans rencontre ainsi des songeries et des croyances bien connues des anthropologues et historiens des religions :

La grotte est considérée par le folklore comme matrice universelle et s'apparente aux grands symboles de la maturation et de l'intimité, tels que l'œuf, la chrysalide et la tombe. L'église chrétienne, à l'exemple des cultes initiatiques d'Attis et de Mithra, a su admirablement assimiler la puissance symbolique de la grotte, de la crypte, et de la voûte.[42]

Ce tropisme chthonien, si net chez Huysmans, détermine sa conception de l'art roman. Bien qu'il connaisse l'abbatiale vaste et élancée de Jumièges (non la seule du genre), quand il tente de définir dans deux chapitres de *La Cathédrale* l'esprit de ce style, il le caractérise par les « *épaisses cloisons* » (*C*; XIV-1, 86), « *fumeuses voûtes* », « *arches basses portant sur de lourds piliers* » (87), « *blocs de pierre presque tacites* », « *caves massives* », ou c'est aussi « *la châsse enfumée, l'écrin sombre* » (91). Ce n'est que très partiellement vrai. Parce que Notre-Dame-sous-terre est une crypte romane, Huysmans prête un caractère de crypte à toute l'architecture romane. Quand il en analyse le climat moral, il met en avant les valeurs de repli et de renfermement :

Croyez-moi, pour bien comprendre ce style, il faut remonter à sa source, aux premiers temps du monachisme dont il est la parfaite expression, nous reporter, par conséquent, aux Pères de l'Église, aux moines du désert.
   Or quel est le caractère très spécial de la mystique de l'Orient ? C'est le calme dans la foi, l'amour brûlant sur lui-même, la dilection sans éclat, ardente mais enfermée, mais interne. (*C*; XIV-1, 222-3)

Il sait apprécier aussi la ferveur exaltée de la verticalité gothique, mais à un moindre degré. L'« *allure souffrante de crypte* » (*C*; XIV-1, 89), le climat de pleurs, de cendre et de pénitence qu'il perçoit dans l'art roman conviennent mieux à son dolorisme. Puisque s'enfouir est fuir, ces espaces de retraite gardent une trace de la défaite originelle ; ils apportent la paix, mais n'effacent pas l'expérience et l'usure de la douleur.

trous et terriers

Les refuges souterrains de Huysmans relèvent tous de l'archétype dont un texte de Maurice de Guérin (et sur un mode davantage anxieux la nouvelle de Kafka, « *Le Terrier* ») donne cette représentation exemplaire :

La résignation, c'est le terrier creusé sous les racines d'un vieux chêne ou dans le défaut de quelque roche, qui met à l'abri la proie fuyante et longtemps poursuivie. Elle enfile rapidement son ouverture étroite et ténébreuse, se tapit au fin fond, et là, tout accroupie et ramassée sur elle-même, le cœur lui battant à coups redoublés, elle écoute les aboiements lointains de la meute et les cris des chasseurs. Me voilà dans mon terrier. (p. 192[9])

Des Esseintes dans sa thébaïde « *vivait sur lui-même, se nourissait de sa propre substance, pareil à ces bêtes engourdies, tapies dans un trou, pendant l'hiver* » (*ÀR*; VII, 112).

Le trou, l'abri souterrain à l'état brut, est utilisé quand le malheur est fort au point que cela seulement suffirait, urgences où le projet d'intimité se meut dans l'élémentaire. Jacques Marles regrette amèrement de n'avoir pas même la ressource « *de se confiner dans un trou* » (*Rd*; IX, 124), dernier recours des gens socialement déchus. *Se terrer* est une expression fréquente dans ce genre de contexte : Durtal « *s'exaltait en pensant aux monastères. Ah! être terré chez eux* » (*Rt*; XIII-1, 107); l'abbé Gévresin lui donne ce conseil : « — *Terrez-vous dans la prière et baissez le dos* [...]. » (168).

des représentations souterraines interchangeables

La rêverie d'intimité souterraine est douée d'une forte puissance synthétisante; aussi singularisés que soient certains de ses abris, il se produit un flottement des termes à leur propos : Huysmans emploie les mots *cave, cellier, crypte, caveau* avec une grande liberté. « *Crypte* » désigne les caves du 11 rue de Sèvres (*DT*; XVI, 20), « *cave* » s'applique à la grotte de Lourdes (*FL*; XVIII, 33), à la crypte de Chartres (*C*; XIV-1, 139), nommée aussi « *caveau* » (120), et « *divin cellier* » (124). Cette libre circulation des termes estompe les différences objectives des lieux.

Par le jeu des analogies, comparaisons ou métaphores, les qualifications circulent aussi en sens inverse : l'espace intime est dit alors métaphoriquement enfoui. Telle chapelle à Paris, qu'il trouve à son goût, est évoquée ainsi : « [...] *contrairement aux autres sanctuaires des Carmels qui sont précédés par de nombreuses marches et s'ouvrent à la hauteur d'un premier étage, celle-là demeure au ras du sol.* IMAGINEZ UNE CAVE *avec deux tout petits bras dessinant d'exigus transepts, une cave voûtée à plein cintre, à peine éclairée, d'un seul côté, par quelques fenêtres* [...]. » (*DT*; XVI, 113). Le premier signe d'entrée dans le sanctuaire chartrain est « *une bouffée de cave très douce* » (*C*; XIV-1, 9). Et quel aboutissement paradoxal quand Huysmans nomme « *cave aérienne* » (*LB*; XII-2, 120) le logis des Carhaix, situé dans les étages d'une tour de Saint-Sulpice ! Cependant c'est en toute logique : ses murs de pierre, sa voûte, sa pénombre, son éloignement du temps rejoignent la configuration de crypte qu'il prête aux espaces romans.

Huysmans dans ses caves

Un réseau d'images et de représentations privilégiées attire ainsi vers l'en-bas la topologie huysmansienne, tropisme vers les régions abritées dont les manifestations vont du mode majeur (ferveur et épanchements dans la crypte de Chartres) au mode mineur : éloge de l'aquarium de Berlin « *situé dans des caves converties en de spacieuses grottes* » (*DT*; XVI, 210). Quand il écrit à Zola qu'il ne saurait aimer le soleil que vu « *par un soupirail du fond d'une cave fraîche* » (p. 102[12]), il laisse parler en lui cette imagination intimiste si volontiers souterraine.

Le jour de Noël 1896, il reçut dans Notre-Dame de Chartres

même, une lettre dont l'adresse était ainsi libellée (p. 274 [19]) :
« *MONSIEUR J.-K. HUYSMANS, littérateur, Cathédrale, Crypte de la Vierge, à Chartres, France.* »

s'envelopper

Dans ses songeries de repliement l'imagination intimiste appelle un refuge enveloppant. L'exigence involutive commande ainsi cette antithèse entre le malaise moral de Durtal à Paris et le réconfort de la crypte chartraine :

> Et cette situation persistait dans une sorte de brume froide environnante ou plutôt de VIDE AUTOUR DE SOI [...].
> À Chartres, cette phase d'anéantissement existait encore, mais une indulgente tendresse finissait par vous ENVELOPPER et par vous réchauffer ; l'âme ne revenait plus à elle toute seule ; elle était aidée, évidemment assistée par la Vierge qui la ranimait ; et cette impression personnelle à cette crypte se communiquait au corps.   (*C* ; XIV-1, 129-30)

Ce principe s'affirme aussi bien dans les évocations louangeuses d'espaces concrets que dans les tournures métaphoriques ; le même qualificatif désignera les soins attentifs d'une domestique — « *gâteries enveloppantes* » (*EM* ; IV, 12) — et la qualité sécurisante d'une église ou d'une crypte.

L'enveloppement implique un resserrement. La répulsion du vaste est constante dans l'œuvre ; à la fragmentation pittoresque des vieux quartiers Huysmans oppose avec dégoût les « *interminables casernes s'étendant à perte de vue* » (*ÀV* ; V, 60) du Paris moderne. Un grand logis ne saurait être bon, tel le château de *En rade*, ou même, au premier abord, la cellule de Durtal à la Trappe ; la hauteur de son plafond contribue au malaise et à l'appréhension du néophyte : « *Le vent soufflait sous la porte et la pièce, à peine éclairée par la flamme couchée de la bougie, lui parut sinistre ; le plafond très haut disparaissait dans l'ombre et pleuvait de la nuit.* » (*Rt* ; XIII-2, 44).

Cette pluie métaphorique est révélatrice : trop éloigné, le toit n'en est plus un.

Ces convictions spatiales interviennent dans sa vie, comme dans son œuvre : la réticence de Durtal à l'égard du monastère de Solesmes — « *garnison religieuse* » (*O*; XVII-1, 12), « *côté de foule et de sourde panique* » (21) — est celle-là même que Huysmans exprime dans sa correspondance (p. 102[34]) ; chez Jacques Marles, chez Durtal (plaine de la Beauce), chez l'auteur, même aversion des grands espaces : « [...] *j'ai toujours rêvé art et artifices devant les grands horizons.* », écrit-il en juillet 1884 à Mallarmé (p. 120[19]).

Inversement, il y a louange fréquente de l'exiguïté. Les expressions de ce thème simple sont même multiples ; la nécessité et le bonheur de petits espaces est l'une des convictions les plus répétées dans l'univers huysmansien, dans la correspondance comme dans les textes destinés à être publiés ; « *Je ne me sens à l'aise que dans de petits monastères, dans des coins intimes.* » (30 oct. 1897, à l'abbé Moeller ; p. 197[25]) ; la cellule de Durtal dans *Là-haut*, est « *une chambre minuscule, blanchie au lait de chaux, percée, dans une encoignure, d'une très petite fenêtre, ronde en haut et carrée en bas* [...] *Cette pièce était si petite que le lit tenait toute la longueur, d'un mur à l'autre et qu'entre ce lit et la table de toilette appuyée contre la cloison d'en face, Durtal avait juste la place pour s'asseoir* » (*LH*, 210). Aussi spiritualisé que soit dans les lignes qui suivent le bonheur soudain de la cellule (il peut être lu comme une surprise de la Grâce), il n'est pas coupé des résonances concrètes attachées à l'espace, ici la sécurité, accrue par l'exiguïté, d'un lieu clos de type monastique. Dans *En ménage*, quand André s'installe dans « *un petit logement composé de deux pièces minuscules, d'une salle à manger moyenne, d'un cabinet de toilette grand comme un torchon* » (*EM*; IV, 35), la vraisemblance réaliste qui impose cette exiguïté (il n'est pas riche) est en même temps l'occasion d'un développement typiquement intimiste; cette étroitesse n'est pas gênante, bien au contraire : « *Il arriva enfin à juger suffisamment large et commode cette pièce minuscule, si bourrée de bibelots et si bondée de meubles qu'on ne pouvait s'y tenir à plus de trois personnes ensemble.* » (119).

Cette valorisation de la petitesse, présente dans l'habitat et les aménagements d'intérieurs guide aussi les « descriptions » et appréciations de villes et de monuments, entraînant l'usage abondant du répertoire lexical de la petitesse : « *rues quiètes et serrées du temps jadis* » (*DÉ*; I, 110), « *sente* » de la rue de l'Ébre à Paris (*Rt*; XIII-1, 89), ruelles du vieux Schiedam, « *églisette* » d'un Carmel parisien (*DT*; XVI, 113).

coins, niches, huttes et maisonnettes

Il y a là une série de représentations homogènes qui marquent les décors et le langage de l'œuvre. La plus fruste d'entre elles, le coin, abonde, associée à la mention d'un climat pacifiant où l'être huysmansien a chance de reconstituer son intégrité. Les termes *coin*, *intime*, *intimité*, dotés d'une aimantation réciproque, et dont les emplois sont multiples, désignent ainsi — « *cette intimité de petit coin choyé* » (*ÀV*; V, 72) — un bonheur de Folantin dans son logis. Tantôt le sens se dilue jusqu'à désigner tout espace sans tracasseries : « *Il devenait singulièrement rare, le coin intime où l'on pouvait, à quelques artistes, causer à l'aise, sans promiscuités de cabarets et de salons, sans arrière-pensée de traîtrises et de dols, où l'on pouvait ne s'occuper que d'art, à l'abri des femmes!* » (*LB*; XII-1, 28). Tantôt des notations descriptives précisent, localisent; en promenade dans de vieux quartiers, Folantin prend plaisir à entrevoir par les entrées de maisons « *un bout de jardinet, une margelle de puits, un coin de banc* » (*ÀV*; V, 60).

Ces coins matériellement déterminés, souvent situés à l'intérieur même d'un espace déjà protégé, sont d'une intimité superlative, ainsi les coins du feu, où chaleur et éventuellement poésie de la flamme intensifient la jouissance de l'abri, pour les personnages prosaïques des *Sœurs Vatard* comme pour l'esthète des Esseintes[43].

Dans les églises aussi Huysmans a ses coins; même quand la totalité de l'édifice le satisfait, il le fractionne en espaces restreints dont il compare les qualités; à Saint-Séverin par exemple, il en élit un dans l'abside : « *Là, dans le petit coin si intime de son chevet, près de cet arbre dont le tronc tourne en spirale sur lui-même, éclate lorsqu'il touche la voûte et retombe en une pluie pétrifiée de branches* [...]. » (*QSS*; XI, 137). C'est bien le même homme qui titre « Fantaisies et petits coins » une partie des *Croquis parisiens* et apprécie des « *coins charmants* » (*SLS*; XV-2, 150) dans la « *minuscule* » cité de Schiedam.

La niche est un coin plus enveloppant. Avec une solide logique intimiste des Esseintes fait diviser son salon « *en une série de niches, diversement tapissées et pouvant se relier par une subtile analogie, par un vague accord de teintes joyeuses ou sombres, délicates ou barbares, au caractère des œuvres latines et françaises qu'il aimait. Il s'installait alors dans celle de ces niches dont le décor lui semblait le mieux correspondre à l'essence même de l'ouvrage que son caprice du moment l'amenait à lire* » (*À R*; VII, 17-8). Cette représentation spatiale est toujours dotée d'un sens fort; elle n'apparaît toutefois que rarement car elle est d'un maniement peu commode; en dehors de *À rebours* il existe deux niches — « *confortables* » (*SD*; I, 222) — dans une meule de foin, près d'Évreux, où le héros de la nouvelle et un compagnon connaissent le réconfort du sommeil au milieu des errances de la guerre.

Huttes et maisonnettes sont nombreuses en revanche; l'exigence de resserrement protecteur s'y concilie plus facilement avec les impératifs du récit ; les rêveries d'exiguïté peuvent alors s'accorder avec les exigences réalistes. Bien entendu ce sont des habitats de solitaire, accordés à la misogynie et au solipsisme huysmansiens. Curieusement, dans cet univers où les murailles de pierre sont valorisées, la hutte ou la chaumière ne sont pourtant pas empreintes de fragilité : la logique du rêveur n'est pas celle de l'architecte. La petitesse inhérente à leur pauvreté les dote même d'une qualité accrue d'intimité. *En rade* en donne un bon exemple quand Jacques Marles éprouve dans la chaumière de son oncle une aise impossible dans le château de Lourps :

[...] le milieu de cette chaumine lui était moins hostile que celui du château. Il se sentait plus chez soi, plus au chaud, plus à l'abri, mieux habillé par ces murs qui le calfeutraient que dans cette grande chambre de Lourps dont les hautes murailles lui semblaient s'écarter pour le mieux glacer autour de lui.

L'unique pièce de cette hutte l'amusait, du reste, avec ses vieux chaudrons de cuivre, ses antiques landiers sur lesquels se tordaient les rouges serpents des bourrées sèches. (*Rd* ; IX, 197)

Les promenades de Huysmans dans la vallée de la Bièvre fournissent l'occasion de représentations voisines : « *Un peu plus loin, une hutte de sauvage, bâtie avec quelques lattes, crépie de mortier, coiffée d'un bonnet de chaume, percée d'un tuyau pour laisser échapper la fumée : c'est tout. C'est navrant, et pourtant cette solitude ne manque pas de charme.* » (*DÉ* ; I, 67). Le misérabilisme de l'évocation n'exclut pas des résonances intimistes — « bonnet » du toit, fumée du foyer — qui esquissent une rêverie du petit abri.

Un tableau dans le logis parisien de Durtal enrichit le répertoire des huttes et l'associe au thème érémitique en montrant parmi plusieurs scènes juxtaposées « *un ermite agenouillé sous une hutte de branchages* » (*LB* ; XII-1, 121), image dont la valeur apparaît bien quand on voit Durtal, ce double de Huysmans, imaginer quelque ordre monastique supérieur à ceux de son temps en le concevant comme « *presque un retour aux premiers temps du monachisme où chaque moine résidait dans une hutte distincte* » (*O*; XVII-2, 142). Cette image en appelle d'autres, voisines : « *maisonnette* » des Chartreux (141), « *minuscules maisons* » des béguinages (142) auxquelles Huysmans se réfère pour préciser son idéal. Elles assument bien la même fonction d'isolement et d'enveloppement, ainsi que ces « *bicoquettes et minuscules tonnelles sous les branches* » (*DT*; XVI, 70) qui contribuent à rendre « *délicieuse* » une promenade dans le jardin de la manufacture des Gobelins. Il est remarquable qu'un auteur aussi subtil et artificieux fasse place dans son œuvre à des représentations et à des rêveries aussi simples.

l'abri rond

Le plaisir de la courbe, associé à celui de la clôture, est bien affirmé dans son univers. À Bruges (canaux), à Tiffauges (cour du château), la description formait un cercle pour isoler l'asile, mais elle peut, mieux encore, composer l'espace en un volume sphérique dont Bachelard analyse ainsi les qualités :

Si on laisse les rêveries d'intimité suivre leur chemin, on retrouvera par une démarche d'involution constante toutes les puissances d'enveloppement et la main rêveuse dessinera le *cercle primitif*. Il semble donc que l'inconscient lui-même connaisse, comme symbole de l'être, une sphère de Parménide. Cette sphère n'a pas les beautés rationnelles du volume géométrique, mais elle a les grandes sécurités d'un ventre.

(p. 150[9])

La courbe du plein cintre intervient avec les séductions de la crypte dans le goût de Huysmans pour l'art roman. Fondant en grande partie sa distinction du roman et du gothique sur la différence entre « *l'arche ronde* » (*C*;XIV-1,84) du premier et l'« *arc pointu* » du second, il en dégage le climat spécifique. L'arc brisé c'est l'audace, les voûtes « *ont faussé d'un élan le demi-cercle du cintre, l'ont allongé en ovale d'amande, ont jailli, soulevant les toits, exhaussant les nefs, babillant en mille sculptures autour du chœur, lançant au ciel, ainsi que des prières, les jets fous de leurs piles* » (85-6); architecture extra-vertie, dont le dynamisme ascensionnel, quasi explosif, bous-cule, fait sauter la protection des toits. Dans le plein cintre roman « *incliné vers le sol* » (?) (86), il voit un repliement mieux accordé à la moyenne de ses états d'âme : « *S'il n'a pas les flamboyantes extases de la mystique gothique qui s'extériorise dans toutes les fusées de ses pierres, le roman vit au moins concentré sur lui-même, en une ferveur recueillie, couvant au plus profond de l'âme.* » (223-4). La rotondité du plein cintre, une atmosphère de crypte davantage propice à « *la paix de l'âme* » (222) en font « *la véritable architecture du cloître* » (224). Certes, Huysmans sait s'exalter avec le gothique mais l'espace roman le réconforte et lui convient mieux.

Le même attrait lui fait souvent préférer dans les églises l'hémicycle du chœur, là où s'ouvre dans la plupart des cathédrales, comme il se plaît à le souligner, une chapelle de la Vierge, « *le dernier refuge des pécheurs* » (*C*;XIV-1,213). Pour l'abside, « *cette sorte de demi-lune, dont le sens est une des plus belles trouvailles du symbolisme* », il aime d'ailleurs le terme évocateur de « *conque* »[44].

coques

Plus près du corps il y a aussi la coque. « *Il regardait, ahuri, les larmes aux yeux, cette coque qui l'avait, pendant tant d'années, couvert.* » (*RMB*,40) : le vieil employé est terrifié par son départ à la retraite. Entaché ici de dérision par le parti pris des récits naturalistes de Huysmans, le même terme ou presque peut prendre ailleurs une valeur explicitement positive, quand il s'applique par exemple à la cellule de la Salette où Durtal éprouve un si complet réconfort : « *C'est curieux, se dit-il, en réfléchissant, à Paris, je ne pourrais pas vivre dans un intérieur vide et j'ai dû ouater mes chambres pour les aimer; et, subitement, ici, dans cette coquille de rencontre, je me trouve mieux emboîté et plus à l'aise.* » (*LH*, 211). Par l'emboîtement et la coquille l'aspiration profonde de l'être huysmansien se dit ici sans réticence. Conduite par la rêverie d'intimité l'écriture modèle de même le logis des Carhaix : « [...] *il semblait que l'on fût transféré, en rêve, dans le fond de ces coquillages qui, lorsqu'on les approche de l'oreille, simulent le bruit roulant des vagues.* » (*LB*; XII-1, 112). La coque devient-elle bateau, l'exigence impérieuse de sédentarité n'en garde que les valeurs de courbure et de clôture; aucun appel du voyage — bien au contraire — dans cet arrêt de Folantin sur un quai de la Seine :

[...] il se penchait au-dessus des berges et la vue des bateaux aux coques goudronnées, aux cabines peintes en vert-poireau, au grand mât abattu sur le pont lui plaisait : il demeurait là, enchanté, contemplant la cocotte mijotant sur un poêle de fonte. [...]
Ce serait gai de vivre ainsi, pensait-il, souriant malgré lui, de ces envies puériles, et il sympathisait même avec les pêcheurs à la ligne, immobiles, en rangs d'oignons séparés par des boîtes d'asticots les uns des autres. (*ÀV*; V, 38)

Dans cette rêverie des contenants — de la coque à la cocotte en passant par la cabine —, le désir d'un bonheur paisible s'affirme, tout comme chez des Esseintes, et par la même image, quand l'esthète riche peut réaliser ce que l'employé pauvre ne pouvait qu'envier : « *Cette salle à manger ressemblait à la cabine d'un navire avec son plafond* VOÛTÉ, *muni de poutres en* DEMI-CERCLE [...]. » (*ÀR*; VII, 29). Huysmans partage les mêmes plaisirs dans tel restaurant de Hambourg dont « *le caractère spécial* [...] *consistait vraiment en ceci que l'on pouvait se croire au fond d'un vaisseau, à l'ancre* » (*DT*; XVI, 195).

Coque superlative, l'arche sera donc l'énoncé imagé du bonheur auquel aspirent tant de « héros » huysmansiens, bourgeois ridicules (*EM*; IV, 112), esthète décadent (*ÀR*; VII, 10), Jacques Marles espérant que son ménage serait une « *arche capitonnée* » (*Rd*; IX, 118). Tous désirent « *l'existence arrondie* », et si cette image est davantage employée dans les œuvres où dominent les modèles d'intimité domestique et esthétique, elle reparaît toutefois après la conversion, barque sacrée, inscrite dans un portail de Chartres : « *La baie centrale imitait la forme d'une barque, dressée debout, la poupe en bas et la proue en l'air; ses flancs évasés apostaient, sur leurs cloisons, six apôtres, de chaque côté, et le fond était occupé, au milieu, par une seule statue, celle du Christ.* » (*C*; XIV-2, 248). Huysmans élabore cette fois une représentation complexe.

Un même processus de raffinement, mais décadent plutôt que volontairement symbolique comme le précédent, aboutit dans *À rebours* à la coque sous-marine, modalité nautique et immergée de l'enveloppe courbe : dans la salle à manger de des Esseintes l'intervalle entre la fausse cloison et le mur d'origine est occupé, à l'endroit de la prise de jour, par un grand aquarium, où des poissons (mécaniques) évoluent pour compléter l'illusion aquatique (*ÀR*; VII, 30). Quel refuge, où l'épaisseur de l'obstacle aquatique — et son action filtrante sur la lumière — vient adjoindre sa protection à celle de la cloison de bois qui double la paroi des murs ! Huysmans a pu trouver l'idée de ce dispositif dans *Vingt mille lieues sous les mers* (l'analogie avec le salon du *Nautilus* est troublante)[45], mais il s'intègre très bien à son univers imaginaire : il reparaît dans les textes sans l'excentricité de *À rebours*, avec les mêmes résonances d'enfermement réussi. Durant le temps d'une heureuse songerie l'abside de Saint-Séverin devient coque sous-marine : « [...] *elle rappelait aussi, avec sa forme en demi-lune et sa lumière trouble, l'image d'une proue de navire plongée sous l'onde.* » (*Rt*; XIII-1, 48-9). La même image affleure à deux reprises dans *De tout* ; il s'agit chaque fois d'un lieu où Huysmans est à l'aise — un restaurant de Hambourg, l'aquarium de Berlin —, il assimile les prises de jour à des hublots d'où vient une clarté glauque, d'allure sous-marine (*DT*; XVI, 195).

douceur tactile et visuelle

Dans l'abri d'autant plus accueillant que sa rotondité est nette, des notations tactiles et visuelles viennent préciser en bonne chaleur et en pénombre les suggestions de douceur inhérentes à l'imagination d'intimité ; les asiles huysmansiens ont leur climat intérieur : une chaleur douce. Ses manifestations les plus simples, associées au thème du logis, se combinent avec le coin du feu et la chaleur de la digestion, dans le registre prosaïque du modèle domestique d'intimité. Repoussé ensuite à un rang accessoire ce bien-être ne disparaît pas pour autant : l'univers de Dickens, tel que des Esseintes le rêve, est d'abord celui de « *la maison bien éclairée, bien chauffée, bien servie, bien close* » (*ÀR* ; VII, 202).

L'emploi du motif thermique déborde aussi le terrain domestique : tout espace accueillant peut être qualifié de « tiède » ; dans un petit cimetière clos de murs, lieu de réconfort pour Jacques Marles, « *l'air paraissait plus tiède* » (*Rd*; IX, 229), dans le parc de la Trappe, l'intérieur « *intime* » (*Rt*; XIII-2, 248) d'une petite chapelle « *gardait la tiédeur des pièces toujours closes* », c'est un leitmotiv des louanges de Notre-Dame de Chartres, nef et crypte : « *ténèbres de la forêt tiède* » (*C*; XIV-1, 9),

« *tièdes ténèbres de la futaie sourde* » (39), « *ce doux et tiède parfum d'oliban et de cave* » (XIV-2, 114). De tels emplois sont multiples, c'est presque un tic huysmansien. De quelle faveur jouit aussi la métaphore de tiédeur puisqu'elle peut désigner une forme du bonheur d'intimité parmi les moins régressives, celle où le réconfort de l'enfermement et de la protection se fond et se sublime dans la ferveur de l'oraison ! Les vêpres franciscaines de la rue de l'Èbre — chères à Durtal comme à Huysmans — sont ainsi dotées positivement de l'attribut de *tiédeur* : « [...] *le brasier des âmes tiédissait la glace de cette pièce.* » (*Rt* ; XIII-1, 93). Le même emploi reparaît, plus développé et plus élaboré, pour une visite au Carmel de Chartres : « *Sursaturé de prières, ce sanctuaire fondait ses glaces, devenait tiède. Il semblait que, par la grille de la clôture, des oraisons filtrassent et répandissent des bouffées de poêle dans la pièce. On finissait par avoir chaud à l'âme, par se croire bien chez soi, dans cet isolement, à l'aise.* » (*C* ; XIV-2, 122).

Des éléments tactiles liés au thème du calfeutrage et du blottissement peuvent concourir à la réussite de l'enveloppement intimiste ; une lustrine rouge — une douce doublure — accroît la qualité protectrice de la petite chapelle de la Vierge dans le parc de la Trappe (ses murs sont courbes en outre et serrent de près le visiteur car elle est dans une tourelle) (*Rt* ; XIII-2, 248). À Chartres aussi la description de la crypte met plusieurs fois l'accent sur la patine et sur la suie des voûtes (*C* ; XIV-1, 139 - XIV-2, 114) ; l'imagination huysmansienne sait s'appuyer ainsi sur les traits objectifs d'un lieu ; plus fréquemment cependant la douceur tactile est le produit métaphorique d'une écriture qui recherche systématiquement correspondances et comparaisons, tout en suivant une solide logique intimiste dans le jeu des associations. Les pièces d'un logis seront alors qualifiées de « *malléables* » (*O* ; XVII-1, 231), pénétrer dans la nef chartraine sera entrer dans une « *senteur molle* » (*C* ; XIV-1, 9) et sentir une « *caresse veloutée d'air* ». Cette représentation affleure quand Huysmans écrit que des Esseintes voulait « *assourdir, ainsi que pour ces malades dont on couvre la rue de paille, le vacarme roulant de l'inflexible vie* » (*ÀR*; VII, 12). Ailleurs, avec plus de netteté, la langue huysmansienne recourt au capiton, à la ouate, au duvet; quand Jacques Marles rêve d'une existence qui serait comme une « *arche capitonnée* » (*Rd*; IX, 118) ou d'« *un milieu duveté* », quand Durtal résume ainsi l'aménagement de son logis : « [...] *j'ai dû ouater mes chambres pour les aimer* » (*LH*, 211), l'imagination d'intimité parfait ses havres, elle les façonne selon son désir d'un monde moelleux où vivre au mieux la quiétude involutive.

Rien de saillant, rien de rugueux : le principe d'atténuation vaut aussi pour la lumière; le doux et le voilé sont privilégiés, les goûts de Huysmans coïncidant ainsi avec l'un des traits majeurs de l'esthétique symboliste. Il aime le clair obscur d'un tableau de Whistler (qu'il rapproche de l'imprécision volontaire chère à Verlaine) : « *C'étaient des horizons voilés, entrevus dans un autre monde, des crépuscules noyés de pluies tièdes, des brouillards de rivière, des envolées de brume bleue, tout un spectacle de nature indécise, de villes flottantes, de languissants estuaires, brouillés dans un jour confus de songe.* » (*Cert.*; X, 64-5). Le même goût préside aux aménagements de des Esseintes : « [...] *les vitres, craquelées, bleuâtres, parsemées de culs de bouteille aux bosses piquetées d'or, interceptaient la vue de la campagne et ne laissaient pénétrer qu'une lumière feinte* [...]. » (*ÀR*; VII, 25-6). Mais l'aversion pour la pleine lumière est encore mieux affirmée dans *Sainte Lydwine de Schiedam* par une mise en scène où intervient, grâce au motif de la porte, la dialectique capitale de l'ouvert et du fermé, du dedans et du dehors : « *Comment Lydwine pouvait-elle endurer ce va-et-vient et ce piétinement incessant de monde même en étant enfermée, derrière les rideaux de son lit, car cette* porte, *constamment ouverte, introduisait des rais de jour qui lui eussent crevé l'œil, comme des flèches, si elle n'avait été abritée par des courtines?* » (*SLS*; XV-2, 49).

La pénombre est donc constamment associée au réconfort de l'intimité protégée. Les jugements de Huysmans sur différentes églises et chapelles, directement ou par le truchement d'un personnage, font toujours appel à ce critère ; dans l'abbaye idéale (grise et tiède) à laquelle rêve Durtal dans *En route*, la douceur visuelle (patine du passé ?) et la qualité thermique s'associent. À Chartres l'adjectif *sourd* utilisé pour la nef de la cathédrale — « *ténèbres de la futaie sourde* » (*C*; XIV-1, 39) — unit le silence avec l'absence de toute violence visuelle. Cette aspiration motive même un éloge de la poussière inattendu chez un homme sensible au bon entretien de ses meubles ou bibelots : « [...] *mais c'est très bon, la poussière. Outre qu'elle a un goût de très ancien biscuit et une odeur fanée de très vieux livre, elle est le velours fluide des choses, la pluie fine mais sèche, qui anémie les teintes excessives et les tons bruts. Elle est aussi la pelure d'abandon, le voile d'oubli.* » (*LB*; XII-1, 44). Pour ses qualités émollientes et ses suggestions d'ancienneté elle est encore avantageusement mentionnée dans l'évocation de la salle du chapitre de Saint-Germain l'Auxerrois, « *local poudreux* [...] *infiniment doux* » (*TÉ*; XI, 213).

ciels brouillés

Ces convictions valent aussi pour les climats et les saisons. La fonction bénéfique attribuée à la poussière peut être remplie par la pluie : « *Quand, dans le nord de l'Europe, elle tombe, têtue, fine, d'un ciel couleur de cendre sur les grandes cités vouées au négoce, elle amortit l'aspect grossier, inquiétant parfois de leurs usines et de leurs ports ; elle les estompe sous le tissu léger de ses fils, sert un peu de prudente voilette pour affiner des traits de visage trop vulgaires et trop forts* » (*DT*; XVI, 189). Au bain s'accomplit le passage du voile d'eau à la rêverie euphorique : « [...] *dans la cabine, voilée d'une vapeur d'eau, il rêvassait et ses pensées s'opalisaient avec la buée* [...]. » (*ÀV*; V, 32). Ce n'est pas un hasard si l'un des rares paysages naturels présentés dans l'œuvre avec faveur est la campagne hollandaise environnant Schiedam, pour son ciel « *d'un bleu étonnamment tendre sur lequel moussent des buées d'argent et floconnent des vapeurs d'or* » (*SLS*; XV-1, 172). Exceptionnellement c'est ici la nature et non un artifice qui procure une douceur visuelle habilement rapprochée des jouissances tactiles par les ambiguïtés de l'écriture ; cette mousse, ces flocons viennent enrichir le répertoire des matériaux doux chargés d'envelopper l'intimiste.

Le soleil bien sûr est détesté. Il met au supplice Jacques Marles comme sainte Lydwine[46], comme Durtal : « *à huit heures du soir, le soleil n'était plus couché et à trois heures du matin, il semblait veiller encore ; la semaine ne faisait plus qu'une journée ininterrompue et la vie ne s'arrêtait point.* » (*Rt*; XIII-1, 159). L'ardeur du soleil porte l'inclémence de la vie à son paroxysme. Un passage de *La Cathédrale* tente une justification théorique de cette aversion en dénonçant en lui l'agent de la pourriture et du mal (?) (*C*; XIV-2, 66) ; il n'est pas étonnant que les vitupérations de des Esseintes contre ses contemporains s'en prennent à « *l'abject soleil de la bourgeoisie* » (*ÀR*; VII, 335) rayonnant sur le Paris moderne. Somme toute, Huysmans lui reproche plus que le désagrément de la chaleur : la grande lumière solaire, en rendant nets les contours des choses, interdit « *l'existence arrondie* » (*Rd*; IX, 118). « Camaïeu rouge », dans *Le Drageoir aux épices*, oppose le voile des paupières au rayonnement de l'été, ultime moyen de s'isoler : « *L'été* [...] *je lève la tête vers le soleil, et là, sous ses cuisantes piqûres, impassible, les yeux obstinément fermés,* [...]. » (*DÉ*; I, 15). La même répulsion intervient, vingt-neuf ans plus tard, quand Huysmans interprète à sa manière l'échec d'un abbé qui voulut fonder un béguinage dans le Midi : « *Il ne s'était évidemment pas rendu compte que le terrain de culture du Languedoc n'était pas du tout celui qui convenait à cette variété de plante conventuelle, car elle a besoin pour croître de silence et d'ombre.* » (*O*; XVII-2, 145). Constants dans l'œuvre, ces préférences et ces rejets se manifestent aussi dans sa correspondance : louange de la grisaille et de la pluie, malédiction du « *voyou céleste* » dans une lettre d'août 1887 à Zola (p. 130[12]).

À ce niveau de « *contact originel avec les choses* »[47] — l'exemple des choix climatiques est patent — la cohérence ne se limite pas à l'œuvre mais lui agrège des éléments biographiques et des lettres en un ensemble où se dessine l'être huysmansien. La même unité fondamentale relie ainsi entre eux les trois motifs du bain, du lit et des chats, ces derniers bénéficiant d'une faveur présente dans la vie comme dans l'œuvre.

le bain

Ce motif apparaît de façon exemplaire dans *À vau-l'eau* ; Folantin y trouve une trève à ses malheurs : « *Et, les premières fois, ce furent des moments délicieux. Il se blottissait dans l'eau chaude, s'amusait à soulever avec ses doigts des tempêtes et à creuser des maelstroms. Doucement, il s'assoupissait au bruit argentin des gouttes tombant des becs de cygnes et dessinant de grands cercles qui se brisaient contre les parois de la baignoire ;* [...] *toutes ses détresses fuyaient à la dérive* [...]. » (*À V*; V, 32). Ces vertus apaisantes servent de référence imagée au langage du repos et de l'aise : « *Dans cette existence tranquillisée,* [...] *André se plongeait comme en un bain sédatif et apaisant* » (*EM*; IV, 289). Des Esseintes aussi n'aspire qu'à « *baigner dans une définitive quiétude* » (*ÀR*; VII, 12) qu'à « *s'immerger dans le silencieux repos de sa maison de Fontenay* » (15); Durtal ressent l'atmosphère du logis des Carhaix comme « *un bain de fluides tièdes* » (*LB*; XII-1, 92) et assimile la paix d'une halte à Saint-Sulpice au « *bien-être confus du corps qui se distend dans l'eau carbonatée d'un bain* » (*Rt*; XIII-1, 148). Image d'euphorie qui associe, sur un mode des plus régressifs, tiédeur, élasticité moelleuse et l'enveloppement le plus proche de soi qu'on puisse réaliser.

le lit

La même fonction assure au lit un statut privilégié. Dans le désert intérieur de *En ménage* il devient même le « *seul bonheur qui soit peut-être complet sur la terre* » (*EM*; IV, 196). Il faut toute la neurasthénie des personnages naturalistes de Huysmans pour se « hausser » à ce lyrisme-là, présent aussi dans *À vau-l'eau* — « [...] *pendant qu'il ouvrait ses couvertures, disposait ses oreillers, des actions de grâce s'élevèrent dans son âme* [...]. » (*ÀV*; V, 24) —; le lit c'est donc aussi le creux où l'être huysmansien, lassé de vivre, se blottit et annihile sa souffrance dans le sommeil; déjà l'héroïne de *Marthe, histoire d'une fille* « *se couchait au plus vite, s'essayant à tuer par le sommeil la tristesse des longues soirées claires* » (*M*; II, 23). Les louanges du lit se développent ainsi dans un registre dépressif; son réconfort est parfois si exclusivement restreint à la cessation de la douleur que le sommeil y prend figure de la mort : « *Décidément, j'ai raté ma vie. — Allons, ce que j'ai de mieux à faire, soupira M. Folantin, c'est encore de me coucher et de dormir.* » (*ÀV*; V, 24). C'est l'anticipation du « *trou* » (*LB*; XII-1, 216), du néant que Durtal juge mille fois préférable à l'horreur de revivre impliquée dans la foi à la métempsycose. La part de défaitisme inhérente au projet d'intimité trouve dans le motif du lit l'occasion d'expressions paroxystiques : se coucher avoisine alors se suicider.

les chats

Les références au lit peuvent toutefois aussi se limiter à un registre de repliement frileux où elles s'associent avec le motif du chat, quand Durtal par exemple, inventoriant les refuges dont il dispose, ajoute à l'abri mental de ses recherches sur Gilles de Rais, l'asile matériel du lit :

« Ça et le lit », ajouta-t-il, en souriant, car il voyait son chat, bête très bien informée des heures, le regarder avec inquiétude, le rappeler à de mutuelles convenances, en lui reprochant de ne pas préparer la couche. Il arrangea les oreillers, ouvrit la couverture et le chat sauta sur le pied du lit, mais resta assis, la queue ramenée sur ses deux pattes, attendant que son maître se fût étendu, pour piétiner sa place et faire son creux.

(*LB* ; XII-1, 26)

Huysmans a aimé les chats, il a vécu dans leur compagnie, il leur a accordé une place sympathique dans ses œuvres (*Les Sœurs Vatard, En ménage, En rade* et *Là-bas*) ; c'est qu'il voit en eux des animaux d'intimité, prudents dans le choix d'un gîte comme Durtal qui à la recherche d'un bon monastère « *s'avançait avec précaution, de même qu'un chat qui flaire un logis qu'il ne connaît point, prêt à détaler, à la moindre alerte* » (*O* ; XVII-1, 11). Ses chats sont donc précautionneux, réservés, sédentaires, amateurs de calme, réfractaires aux présences étrangères (surtout féminines : le chat de *Là-bas* fuit sous les meubles à l'arrivée de Mme Chantelouve) ; ils aiment se blottir dans les creux : l'intimiste trouve là un emblème animal en même temps qu'un modèle et un compagnon dans sa recherche des « *heures lénitives* » (*LB* ; XII-1, 20).

CONCLUSION

DEPUIS *Le Drageoir aux épices* (1874) jusqu'aux *Foules de Lourdes* (1906), le projet d'intimité s'affirme avec une constance dont la conversion ne fit que changer les modalités; loin d'être une rupture celle-ci fut même plutôt facilitée par le désir de solitude et le malaise de vivre préexistants, si forts chez Huysmans. L'obsession des cloîtres caractéristique de son catholicisme fut en effet suscitée, pour l'essentiel, par les séductions de la vie cellulaire.

L'influence des schèmes de l'intimité s'exerce en outre à tous les niveaux constitutifs de l'œuvre littéraire : langage, récits, décors et personnages. Si leur mise en œuvre peut être l'objet d'une exploitation habile, leur présence n'en reste pas moins une donnée immédiate de la conscience huysmansienne, celle qui fait de l'adjectif « *emboîté* » (*LH*, 211, entre autres exemples) un synonyme d'« à l'aise », et qui oriente ces propos d'une lettre à Arij Prins : « [...] *on finit, à la lueur de certains événements étranges qui vous arrivent, par voir clair et* S'ASSEOIR UN PEU EN SOI-MÊME *et ne plus rester toujours cahoté et debout.* » (*JRt*, 211). Le projet d'intimité joue ainsi un rôle essentiel dans cette organisation personnelle de l'expérience et du langage.

Compte tenu des valeurs maternelles inhérentes à l'imagination des refuges, dont certaines représentations portent si nettement l'empreinte (l'abri rond, la douceur thermique entre autres), on peut voir affleurer — dans le motif du bain par exemple — la nostalgie d'un bonheur de type intra-utérin, bref une aspiration orientée dans un sens régressif et dont la dévotion mariale, forte chez Huysmans, présente un bel exemple de sublimation. C'est une investigation relativement aisée, grâce à la simplicité des temps pré-freudiens : l'activité créatrice ne s'y déroulait pas encore sur ce fond d'analyse dont la connaissance peut aujourd'hui orienter l'écrivain vers une manipulation délibérée des fantasmes et symboles ou vers une occultation volontaire et retorse pour fuir l'excès de transparence. Les biographes et critiques de Huysmans, à quelque courant qu'ils appartiennent, s'accordent, y compris le très traditionnaliste Ernest Seillière[48], à relever chez lui la marque d'une insatisfaction et d'une revendication aiguës concernant la mère.

Quant à l'effort pour se situer « au-dessus du temps » et échapper ainsi à un siècle détesté, il doit être lui-même replacé dans le temps. L'époque « décadente » et symboliste de la culture européenne fut celle d'un solipsisme affirmé. La peinture symboliste abonde en personnages songeurs, enclos dans leur rêverie. Ils « s'abîment » en eux-mêmes, comme l'auditrice de musique, une main cachant le visage, peinte par le Belge Khnopff en 1883 (*En écoutant Schumann*) ; ce peut être aussi le visage aux paupières baissées des *Yeux clos* (1890) d'Odilon Redon. Plus qu'en tout autre temps ce fut l'ère des chambres closes où « s'immerger » dans l'univers des rêves, l'ère des croisées — fermées — « [*d*]*'où l'on tourne l'épaule à la vie* »[49]. Beaucoup alors furent ou rêvèrent d'être celui qu'apaiserait « *un clos d'abeilles, peut-être, en bordure de rivière, et son arceau de vieille Abbaye* »[50] ou qui

s'aménageait, de ses recettes en Bourse, une gloriette ou folie, en retrait d'angle ou en encorbellement, contre les remparts d'une ville morte —

dentelle de fer et d'or sous le masque des pampres, reliures de miel et d'or au creux des pièces en rotonde, et le duvet d'alcôve, à fond de chambre, aux derniers feux des soirs d'Été...
Ô tiédeur, ô faiblesse,! Ô tiédeur et giron [...].

Ces « *vies encloses* », — c'est le titre d'un poème de Rodenbach — furent un ultime effort pour ne pas voir grandir ce que Zola nomme aux dernières lignes de *Germinal* « *les récoltes du siècle futur* », espérance inversée en crainte, haine et désespoir chez les Goncourt, Flaubert, Barrès, d'autres encore, effrayés par l'approche des « Barbares ». De fait maints passages des dernières œuvres de Huysmans font savoir clairement, et parfois violemment, que leur auteur augure mal de l'avenir.

Bien sûr la conversion de Durtal ne fut par l'arrêt de mort du Narcisse décadent épanoui en des Esseintes : Huysmans se convertit par dégoût du siècle et valorise dans l'Église, avec l'ardeur intransigeante des néophytes, tout ce qui lui paraît le plus à rebours des voies contemporaines. C'est donc en toute logique que le Durtal très pieux de *L'Oblat* se raconte avec complaisance l'histoire étrange du roi Khosroës (alias des Esseintes ou Louis II de Bavière) :

[...] il abdiqua la souveraineté entre les mains de son fils, construisit une tour dont les murailles extérieures furent revêtues de plaques d'or et il s'y enferma, au rez-de-chaussée, en une étrange salle cloisonnée de métaux précieux et incrustée de gemmes ; puis il voulut, ainsi que le Tout-Puissant, avoir son firmament à lui et le plafond s'éleva à des hauteurs vertigineuses et s'éclaira, le jour, par un soleil savamment exercé, la nuit, par une habile lune autour de laquelle pétillèrent les feux colorés des étoiles feintes.   (*O* ; XVII-1, 40)

Fastueuse résurgence, dix-neuf ans après *À rebours*, d'un projet solipsiste toujours continué. Cette tour est un emblème de la façon dont s'organise l'univers huysmansien : s'il communique avec de grandes images (rêveries de la terre, de la coquille, de la maison, etc.), il s'affirme contre le monde ambiant dans une ambition de renfermement et de cristallisation de soi.

Mais en refusant de s'ouvrir au monde extérieur — rupture avec les visées balzacienne et naturaliste —, au prix d'une monotonie et d'un ressassement certains, voire en s'établissant par moments dans l'insignifiance, Huysmans ouvre en même temps la voie à un renouvellement des formes romanesques, à l'apparition d'un « roman » monophonique, au personnage unique et peu distinct de l'auteur. L'écriture des aléas intérieurs se substitue aux fictions traditionnelles.

Bref, assez curieusement, l'aspiration solipsiste et régressive à l'intimité protégée l'a fait œuvrer dans le sens de la modernité, celle qui mène, par-delà naturalisme, décadentisme et symbolisme, avec le jalon d'Édouard Dujardin dans *Les Lauriers sont coupés* (1887), aux œuvres de Proust, de Céline, de Joyce, au Roquentin de *La Nausée*.

NOTES

1. Charles BAUDOUIN, *Psychanalyse du symbole religieux* (Paris, Arthème Fayard, 1957), p. 51.

2. Lettre à Théodore Duret (10 déc. 1893) (*JRt*, 283).

3. Ces condamnations, particulièrement nombreuses dans *Là-bas*, sont réitérées dans *En route* : « [...] *il faudrait vomir la civilisation qui a rendu l'existence intolérable aux âmes propres et non le Seigneur qui ne nous a peut-être pas créés, pour être pilés à coups de canons, en temps de guerre, pour être exploités, volés, dévalisés, en temps de paix, par les négriers du commerce et les brigands des banques.* » (*Rt*; XIII-1, 42).

4. Léon BLOY, *Sur la tombe de Huysmans* (Paris, Laquerrière, 1913).

5. Lettre à Georges Landry et à Léon Bloy, vers le 26 août 1885, in Henry LEFAY, *Huysmans à Lourps* (Paris, Durtal, 1953) (tirage à part d'un article du *BSH*, n° 26, 1953).

6. Cité par Armand LANOUX, in Émile ZOLA, *Les Rougon-Macquart* (Paris, Gallimard, « Bibl. de la Pléiade », 1960), t. 1, préface p. XXXIX.

7. Dans une lettre du 30 juillet 1899 à l'abbesse Cécile Bruyère, écrite à Ligugé, Huysmans se félicite d'avoir fermé sa porte aux gens du pays et de ne pas entretenir de rapports trop étroits avec le monastère, ce que sa correspondante, le connaissant bien, lui avait d'ailleurs conseillé. Voir René RANCŒUR, *Correspondance de J.-K. Huysmans et de Madame Cécile Bruyère, Abbesse de Sainte-Cécile de Solesmes* (Paris, Éd. du Cèdre, 1950), p. 22. Le témoignage de Maurice Garçon, qui connut le village de Ligugé dans son enfance, confirme cette solitude volontaire. Voir sa préface au catalogue de l'exposition du Centenaire, en 1948, à la Bibliothèque nationale : *J.-K. Huysmans, 1848–1907. L'Homme et l'œuvre* (Paris, BN, 1948).

8. HUYSMANS, *Lettres inédites à Edmond de Goncourt* (Paris, Nizet, 1956).

9. Gaston BACHELARD, *La Terre et les rêveries du repos* (Paris, Corti, 1948).

10. Pierre COGNY, *J.-K. Huysmans à la recherche de l'unité* (Paris, Nizet, 1953).

11. Léon DAUDET, *À propos de J.-K. Huysmans* (Paris, Éd. du Cadran, 1947), p. 18.

12. HUYSMANS, *Lettres inédites à Émile Zola* (Genève, Droz, 1953).

13. BAUDELAIRE, « *La Chambre double* », in *Petits poèmes en prose* (Paris, Les Belles Lettres, 1934), p. 13.

14. Sous le nom de Notre-Dame de l'Atre, Huysmans évoque dans *En route* la Trappe d'Igny, dans le département de la Marne, à quelques kilomètres de Fismes. Sur le conseil de l'abbé Mugnier, il y fit un premier séjour, du 12 au 20 juillet 1892, durant lequel il acheva sa conversion par une confession et une communion. Il y retourna ensuite plusieurs fois. Le seul des trois cloîtres auquel

il a gardé son nom réel est celui de Saint-Pierre de Solesmes; il n'a pas le même statut que les deux autres dans ses romans; si l'on en parle (dans *La Cathédrale* et au début de *L'Oblat*), s'il nous est dit que Durtal y va (*La Cathédrale* se termine sur son départ pour un séjour d'essai là-bas), ce cloître ne nous est pas montré directement. Le nom de « Val des Saints » désigne le monastère et le village de Ligugé près de Poitiers. Huysmans y fit construire, avec le couple ami des Leclaire, une maison qu'il habita de juin 1899 à octobre 1901. Il avait projeté de s'y retirer définitivement.

15. « Discours de M. Maurice Garçon dans la sacristie de Saint-Thomas d'Aquin, 28 mai 1951 », *BSH*, numéro hors série, 1952, p. 27.

16. Pie DUPLOYÉ, *Huysmans* (Paris, Desclée De Brouwer, « Les écrivains devant Dieu », 1968), p. 85.

17. L'abbé Gévresin, ami et directeur de conscience de Durtal, présent dans *Là-haut, En route*, et *La Cathédrale*, est présenté comme une exception : « [...] *j'ai de la chance; j'ai découvert, à Paris, l'un des seuls abbés qui ne fût ni un indifférent ni un cuistre.* » (*Rt*; XIII-2, 12) (allusion à l'abbé Mugnier). En revanche, Dom André, curé de Schiedam, apparaît comme un mauvais prêtre qui tourmente la sainte (*SLS*). Dans *L'Oblat* le curé du Val des Saints est ennemi des moines.

18. Jean JAURÈS, dans *La Petite République française* du 24 mars 1895 (*BSH*, n° 45, 1963, pp. 63-4).

19. Robert BALDICK, *La Vie de J.-K. Huysmans* (Paris, Denoël, 1958).

20. Voir René RANCŒUR, (*op. cit.*), p. 17 (voir *supra* n. 7).

21. On connaît ces vers de Pierre Jean Jouve :

> « *La cellule de moi-même emplie d'étonnement*
> *La muraille peinte à la chaux de mon secret*
> *J'ouvre la porte avec ma main vide*
> *Un peu de sang blessé dans la paume* »

« *Des déserts* », in *Les Noces* (Paris, Gallimard, « Poésie », 1966), p. 61. En épigraphe à ce recueil, une citation du mystique flamand Ruysbroeck, comme en tête de *À rebours*.

22. Paul CLAUDEL, lettre du 19 novembre 1908 à Louis Massignon, in Richard GRIFFITHS, « Claudel et Huysmans : deux oblats », *BSH*, n° 40, 1960, pp. 160-1.

23. Il raille ainsi l'abbé Mugnier pour son goût des voyages : « *Peuh! des gens qui croasseront pour exprimer les deux éternelles passions de l'humanité : le stupre et le lucre. Danois, Français ou Hollandais, c'est la même chose. Les gestes sont les mêmes et les actes sont identiques; il n'y a que les sons qui s'échappent de bouches plus ou moins bavardes qui diffèrent. C'est-il la peine de se déranger?* » (lettre de l'année 1899 à l'abbé Mugnier, in Lucien DESCAVES, *Deux amis : J.-K. Huysmans et l'abbé Mugnier* [Paris, Plon, 1946], pp. 79-80).

24. BARBEY D'AUREVILLY, « J.-K. Huysmans, *À rebours* », p. 341 in *Le XIXe siècle. Des œuvres et des hommes*, choix de textes par Jacques Petit, t. 2 (Paris, Mercure de France, 1966).

25. Gustave Vanwelkenhuyzen, *J.-K. Huysmans et la Belgique* (Paris, Mercure de France, 1935).

26. Lettre des 6 et 9 novembre 1901 à Madame Godefroy (*BSH*, n° 42, 1961, pp. 279-80).

27. Lettre à l'abbé Mugnier, juillet 1899, in Lucien Descaves (*op. cit.*), p. 77 (voir *supra*, n. 23).

28. Voir les témoignages de René Dumesnil, « Souvenirs sur J.-K. Huysmans », *Cahiers J.-K. Huysmans*, n° 20, 1947 ; de Gabriel-Ursin Langé, *Itinéraires huysmansiens* (Fécamp, Éd. de La Feuille en 4, 1933), pp. 9-10 ; de Dom A. du Bourg qui décrit ainsi le logement de la rue Saint-Placide : « *En haut, dès que la porte s'ouvre, nous pénétrons, à travers les bibelots artistiques de l'antichambre, dans le cabinet de travail et de prières à l'aspect grave et religieux. Les murailles disparaissent sous les rayons de la bibliothèque, où les livres nombreux soigneusement reliés, rangés et époussetés avec une exactitude jamais en défaut, nous disent la passion du maître de logis.* » (Dom A. du Bourg, *Huysmans intime* [Paris, Librairie des Saints-Pères, 1908], p. 11).

29. Jean Burgos, « L'Arbre ou les métamorphoses d'un refuge exemplaire », p. 18 in *Le Refuge I* (Paris, Lettres Modernes, « Circé, Cahiers de recherche sur l'Imaginaire », 2, 1970).

30. Joseph Daoust, « J.-K. Huysmans et son confesseur », *Bulletin des Facultés catholiques de Lille*, 1951, p. 40.

31. Baudelaire, avant-propos à la « Philosophie de l'ameublement » d'Edgar Poe, in *Œuvres complètes. Traductions. Histoires grotesques et sérieuses par Edgar Poe* (Paris, Conard, 1937), p. 304.

32. Dans une lettre du 16 avril 1882, il complimente ainsi Zola pour *Pot-Bouille* : « *C'est bien là, la bâtisse moderne, avec son faux luxe et ses murs frais, mal séchés sous leur peau de faux marbre.* » (p. 82[12]) ; au même, en mars 1885, pour *Germinal* : « *Ce qui me frappe surtout et ce qui m'apparaît comme une partie toute supérieure du livre, c'est le côté paysage souterrain et site terrestre* » (p. 114[12]), compliment d'esthète qui laisse de côté le contenu politique et social.

33. Durtal est amené à y participer à une procession ; ce rôle qu'il n'ose refuser, quoiqu'il ne pratique pas encore, précipite sa conversion. L'épisode de la rue de l'Èbre fut vécu par Huysmans, en compagnie de Gustave Boucher, lors d'une visite à cette chapelle (pp. 213-4[19]).

34. *Une Étape de la vie de J.-K. Huysmans. Lettres inédites de J.-K. Huysmans à l'abbé Ferret*, présentées et annotées par Élisabeth Bourget-Besnier (Paris, A.G. Nizet, 1973).

35. Cette tour, du XVe siècle, haute de quinze mètres, portait à l'origine un fanal indiquant l'emplacement du port Saint-Landry ; elle fut démolie en 1908. Voir Jacques Hillairet, *Dictionnaire historique des rues de Paris* (Paris, Minuit, 1963), t. 1, p. 305.

36. Des Esseintes ouvre un jour la croisée toute large, il suffoque et s'affaisse presque mourant (*À R* ; VII, 187). Voir aussi la curieuse anecdote imaginée par des Hermies dans *Là-bas* : « *Tiens, figure-toi un phtisique qui crache le sang et s'étrangle*

dans une chambre située à un premier étage sous les vitres en dos d'âne d'un passage, celui des Panoramas, par exemple. La fenêtre est ouverte, il monte de la poussière saturée de tabac refroidi et de sueur tiède. Le malheureux étouffe, supplie qu'on lui donne de l'air, l'on se précipite sur la croisée... et on la referme car comment l'aider à respirer, si on ne le soustrait pas à la pulvérulence du passage, en l'isolant? » (*LB*; XII-1, 44).

37. Notamment : V.R.S.N.S.M.V.

S.M.Q.L.I.V.B., initiales du distique :
Vade retro, Satana, non suade mihi vana
Sunt mala quae libas; ipse, venena, bibas.
Ce qui signifie : Retire-toi, Satan, ne me conseille point les choses vaines.

Ce que tu nous verses, c'est le Mal; bois toi-même tes poisons.
Sur tous ses ouvrages à partir de *En route* Huysmans fit imprimer la médaille de saint Benoît sur la page de titre.

38. Gaston BACHELARD, *La Formation de l'esprit scientifique* (Paris, Vrin, 1960), p. 99.

39. HUYSMANS, « À travers le jardin du Luxembourg », *BSH*, n° 23, 1951, p. 132.

40. Voir notre article : « J.-K. Huysmans miniaturiste », in *Mélanges Pierre Lambert consacrés à Huysmans* (Paris, Nizet, 1975).

41. Lettre du 19 octobre 1904 à Madame Huc : « *Et je ne parle pas, bien entendu, de l'horreur du décor, de la basse piété de ces troupeaux accumulés à 40 000 âmes dans une ville de 8 000 habitants, ni de prêtres soufflant dans des trombones et faisant de ce lieu une fête de 14 juillet ignoble !* », in René MARTINEAU, *Autour de J.-K. Huysmans* (Paris, Desclée De Brouwer, 1946), p. 87.

42. Gilbert DURAND, *Les Structures anthropologiques de l'imaginaire* (Paris, Bordas, 1969), p. 276.

43. Cf. *SV*; III, 248, 258, 314 - *ÀR*; VII, 33, 103. Relevé non exhaustif, il y a d'autres coins du feu dans *En rade, Là-bas, L'Oblat*.

44. Cf. aussi « *conque absidiale* » (*C*; XIV-2, 47), « *le fond de l'abside s'arrondit en conque* » (*DT*; XVI, 114).

45. Marcel MORÉ, *Nouvelles explorations de Jules Verne* (Paris, Gallimard, 1963), p. 180.

46. « *Écalé de ses nuages, le ciel arda, nu, d'un bleu cru, féroce,* [...]. » (*Rd*; IX, 170); cf. aussi : la sainte « *rissolait sous un soleil de plomb* » (*SLS*; XV-2, 32).

47. Jean-Pierre RICHARD, *Onze études sur la poésie moderne* (Paris, Seuil, 1964), p. 7.

48. Ernest SEILLIÈRE, *J.-K. Huysmans* (Paris, Grasset, 1931).

49. MALLARMÉ, « *Les Fenêtres* », *Poésies* (Paris, Gallimard, 1956), p. 24.

50. SAINT-JOHN PERSE, « Vents », *Œuvres poétiques*, t. 2 (Paris, Gallimard, 1960), p. 112.

BIBLIOGRAPHIE

I. ŒUVRES DE HUYSMANS

Le Drageoir à épices. Paris, Dentu, 1874.

Le Drageoir aux épices. Paris, Librairie Générale, 1875. (La seule modification par rapport à l'édition précédente est celle du titre.)

Marthe, histoire d'une fille. Bruxelles, Gay, 1876.

« Émile Zola et " *L'Assommoir* " ». (Série de quatre articles parus en 1877 dans l'hebdomadaire bruxellois *L'Actualité*, dirigé par Camille Lemonnier.)

Sac au dos. Bruxelles, Félix Callewaert, 1878. (Texte de la première version, d'abord parue du 26 août au 21 oct. 1877 dans l'hebdomadaire bruxellois *L'Artiste*.)

Les Sœurs Vatard. Paris, Charpentier, 1879.

« Sac au dos », in Émile ZOLA, Guy DE MAUPASSANT, J.-K. HUYSMANS, Henry CÉARD, Léon HENNIQUE, Paul ALEXIS, *Les Soirées de Médan.* Paris, Charpentier, 1880. (Texte remanié : seconde version.)

Croquis parisiens. Paris, Vaton, 1880.

En ménage. Paris, Charpentier, 1881.

Pierrot sceptique. « Pantomime », en collaboration avec Léon HENNIQUE. Paris, Édouard Rouveyre, 1881.

À vau-l'eau. Bruxelles, Kistemaeckers, 1882.

L'Art moderne. Paris, Charpentier, 1883.

À rebours. Paris, Charpentier, 1884.

137

Croquis parisiens. Paris, Léon Vanier, 1886. (Nouvelle édition augmentée.)

En rade. Paris, Tresse et Stock, 1887. (D'abord paru dans *La Revue indépendante,* d'octobre 1886 à avril 1887.)

Un Dilemme. Paris, Tresse et Stock, 1887. (D'abord paru dans *La Revue indépendante,* n°s 5, 6, sept. et oct. 1884.)

Certains. Paris, Tresse et Stock, 1889.

La Bièvre. Paris, Genonceaux, 1890. (D'abord paru dans la revue hollandaise *De Nieuwe Gids,* août 1886.)

Là-bas. Paris, Tresse et Stock, 1891. (D'abord paru en feuilleton dans *L'Écho de Paris,* à partir de la mi-février 1891.)

En route. Paris, Tresse et Stock, 1895.

La Cathédrale. Paris, Stock, 1898.

La Bièvre et Saint-Séverin. Paris, Stock, 1898. (Reprise du texte de *La Bièvre* suivi d'un texte nouveau : *Le Quartier Saint-Séverin.*)

Sainte Lydwine de Schiedam. Paris, Stock, 1901.

De tout. Paris, Stock, 1901.

L'Oblat. Paris, Stock, 1903.

Trois primitifs. Paris, Léon Vanier, A. Messein, 1905.

Les Foules de Lourdes. Paris, Stock, 1906.

Trois églises et trois primitifs. Paris, Plon, 1908. (Reprise du texte des *Trois primitifs,* suivi de trois monographies réunies sous le titre *Trois églises.*)

Œuvres complètes, sous la direction de Lucien DESCAVES, en vingt-trois volumes répartis en dix-huit tomes. Paris, G. Crès et Cie, 1928–34. Le volume qui devait réunir des préfaces et d'autres textes de Huysmans sous le titre « Préfaces et divers » n'a jamais paru. Cette édition, reproduite en neuf volumes par Slatkine Reprints (Genève, 1972), n'est pas complète.

Il faut ajouter aux titres précédents :

En marge. Paris, Marcelle Lesage, 1927. (Études et préfaces réunies et annotées par Lucien DESCAVES.)

La Retraite de Monsieur Bougran. Paris, Jean-Jacques Pauvert, 1964. (Préface de Maurice GARÇON.)

Là-haut. Paris, Casterman, 1965. (Texte établi par Pierre COGNY, introduction par Artine ARTINIAN et Pierre COGNY, notes de Pierre LAMBERT, suivi du *Journal d'« En route »* établi par Pierre LAMBERT d'après des documents inédits.)

Des textes inédits ou retrouvés ont été publiés dans le *Bulletin de la Société J.-K. Huysmans,* qui paraît depuis 1928, par les soins de la « Société J.-K. Huysmans » fondée en 1927 sous la présidence de Lucien DESCAVES. Liste des inédits parus dans les numéros 1–69, dans *BSH,* n° 70, 1979.

II. CORRESPONDANCE

Il n'existe pas d'édition complète de la correspondance.

Voir Henri JOUVIN. « Les Lettres de Huysmans. Essai de bibliographie », *BSH,* n°s 21 [1949], 23 [1951], 25 [1953].

Lettres inédites à Émile Zola, publiées et annotées par Pierre LAMBERT. Introduction de Pierre COGNY. Genève, Droz, 1953.

Lettres inédites à Edmond de Goncourt, publiées et annotées par Pierre LAMBERT et présentées par Pierre COGNY. Paris, Nizet, 1956.

Lettres inédites à Camille Lemonnier, publiées et annotées par Gustave VANWELKENHUYZEN. Genève, Droz, 1957.

Lettres inédites à Jules Destrée, publiées par Gustave VANWELKENHUYZEN. Avant-propos d'Alain GUISLAIN. Genève, Droz, 1967.

Une Étape de la vie de J.-K. Huysmans. Lettres inédites de J.-K. Huysmans à l'abbé Ferret, présentées et annotées par Élisabeth BOURGET-BESNIER. Paris, A. G. Nizet, 1973.

Lettres inédites à Arij Prins, 1885–1907, publiées et annotées par Louis GILLET. Genève, Droz, 1977.

Léon BLOY, J.-K. HUYSMANS, VILLIERS DE L'ISLE-ADAM. *Lettres, correspondance à trois,* réunies et présentées par Daniel HABREKORN. Vanves, Thot, 1980.

« Lettres inédites de Huysmans à Charles Rivière, oblat à l'abbaye Notre-Dame-d'Igny, relatives à *En route* », in J.-K. HUYSMANS, *En route,* suivi d'un journal et de lettres inédits, édition établie par Pierre COGNY. Christian Pirot éd., 1985.

Lettres à Théodore Hannon (1876–1886). Édition établie par Pierre COGNY et Christian BERG. Christian Pirot éd., 1985.

Nombreuses lettres inédites in *BSH*, notamment :

« 63 lettres inédites de J.-K. Huysmans à Gustave Boucher ». (Correspondance présentée par Pierre COGNY, annotée par Gustave BOUCHER, Pierre LAMBERT et Dom Paul DENIS. *o.s.b.*), *BSH*, nos 64 [1975], 65 [1976].

« 15 lettres inédites de J.-K. Huysmans au Docteur Roger Dumas », présentées par Pierre COGNY, *BSH*, no 67, 1977.

« Lettres inédites de J.-K. Huysmans à Émile Hennequin », annotées par Pierre COGNY, *BSH*, nos 71 [1980], 72 [1981], 73 [1981].

III. ÉTUDES SUR HUYSMANS
BIOGRAPHIE, OUVRAGES, ARTICLES

BALDICK, Robert. *La Vie de J.-K Huysmans*. Paris, Denoël, 1958.

BELVAL, Maurice M.. Des ténèbres à la lumière. Étapes de la pensée mystique de J.-K. Huysmans. Paris, Maisonneuve et Larose, 1968.

BESSE, Dom. *Joris-Karl Huysmans*. Paris, Librairie de l'Art catholique, 1917.

BESSÈDE, Robert. *La Crise de la conscience catholique dans la littérature et la pensée françaises à la fin du XIXᵉ siècle*. Paris, Klincksieck, 1975.

Bibliothèque nationale, *Joris-Karl Huysmans, du naturalisme au satanisme et à Dieu*. Exposition Bibliothèque de l'Arsenal, juin-juillet 1979, catalogue par Pierre COGNY, Jacques LETHÈVE, René RANCŒUR, Danielle MUZERELLE, Françoise PY, Marie-Paule JAFFRÉ. Avant-propos par Jacques GUIGNARD. Paris, Bibliothèque nationale, 1979.

BLOY, Léon. *Sur la tombe de Huysmans*. Paris, Laquerrière, 1913.

BROMBERT, Victor, « Huysmans et la thébaïde raffinée », *Critique*, no 330, nov. 1974.

BRUNEL, Pierre, « Huysmans », in J.-P. DE BEAUMARCHAIS, Daniel COUTY, Alain REY, *Dictionnaire des littératures de langue française*. Paris, Bordas, 1984.

CHASTEL, Guy. *J.-K. Huysmans et ses amis*. Paris, Grasset, 1957.

COGNY, Pierre, « Le Mysticisme de J.-K. Huysmans et sainte Lydwine de Schiedam », in *Mélanges de science religieuse*. Lille, Facultés catholiques, 1952.

COGNY, Pierre. *J.-K. Huysmans à la recherche de l'unité*. Paris, Nizet, 1953.

COGNY, Pierre. *Le « Huysmans intime » de Henry Céard et Jean de Caldain*. Paris, Nizet, 1957.

COGNY, Pierre, « Le Sexe porte-plume (Variations sur une correspondance inédite de J.-K. Huysmans à Théo Hannon, 1876–1886) », *Revue des sciences humaines*, nº 160, oct.–déc. 1975.

COGNY, Pierre, « Un Projet avorté de roman : "La Faim, de J.-K. Huysmans" », *Revue d'histoire littéraire de la France*, sept.-oct. 1979, nº 5.

CRESSOT, Marcel. *La Phrase et le vocabulaire de J.-K. Huysmans*. Paris, Droz, 1938.

DAOUST, Joseph, « J.-K. Huysmans et *Sainte Lydwine de Schiedam* », in *Mélanges de science religieuse*. Lille, Facultés catholiques, 1952.

DAUDET, Léon. *À propos de J.-K. Huysmans*. Paris, Éd. du Cadran, 1947.

DEFFOUX, Léon. *J.-K. Huysmans sous divers aspects*. Paris — Bruxelles, Mercure de France — N.R.B., 1942.

DEFFOUX Léon *et* Émile ZAVIE. *Le groupe de Médan* (édition revue et augmentée). Paris, G. Crès et Cie, sans date.

DESCAVES, Lucien. *Les Dernières années de J.-K. Huysmans*. Paris, Albin Michel, 1941.

DESCAVES, Lucien. *Souvenirs d'un ours*. Paris, Éd. de Paris, 1946.

DESCAVES, Lucien. *Deux amis, J.-K. Huysmans et l'abbé Mugnier*. Paris, Plon, 1947.

DU BOURG, Dom Antoine. *Huysmans intime*. Paris, Librairie des Saints Pères, 1908.

141

DUPLOYÉ, Pie. *Huysmans. Paris,* Desclée De Brouwer, « Les écrivains devant Dieu », 1968.

L'Esprit de décadence, I. Colloque de Nantes. Paris, Minard, 1980.

GAILLARD, Françoise. « *En rade*, ou le roman des énergies bloquées », in *Le Naturalisme, Colloque de Cerisy.* Paris, Union Générales d'Éditions, « 10/18 », 1978.

GELMA, E., « La Psychiatrie de l'histoire. À propos d'une psychanalyse de J.-K. Huysmans », *Cahiers de psychiatrie*, n° 3, 1949.

GRIFFITHS, Richard. *Révolution à rebours.* Paris, Desclée De Brouwer, 1971.

GROJNOWSKI, Daniel, « À rebours de : le nom, le référent, le moi, l'histoire dans le roman de J.-K. Huysmans », *Littérature*, n° 29, févr. 1978.

" *J.-K. Huysmans* ", sous la direction de Robert AMADOU. Paris, H. Roudil, « Cahier de La Tour Saint-Jacques » VIII, 1963.

Huysmans, dirigé par Pierre BRUNEL et André GUYAUX. Paris, L'Herne, « Cahiers de l'Herne », 1985.

ISSACHAROFF, Michaël. *Huysmans devant la critique en France.* Paris, Klincksieck, 1970.

LANGÉ, Gabriel-Ursin. *Itinéraires huysmansiens.* Fécamp, Éd. de La Feuille en 4, 1933.

LETHÈVE, Jacques, « Le Thème de la décadence dans les lettres françaises à la fin du XIXᵉ siècle », *Revue d'histoire littéraire de la France*, janv.–mars 1963, n° 1.

LIVI, François. *J.-K. Huysmans, « À rebours » et l'esprit décadent.* Paris, Nizet, 1972.

LOBET, Marcel. *J.-K. Huysmans ou le témoin écorché.* Paris—Lyon, Emmanuel Vitte, 1960.

MAINGON, Charles. *L'Univers artistique de J.-K. Huysmans.* Paris, Nizet, 1977.

MARTINEAU, René. *Autour de J.-K. Huysmans.* Paris, Desclée De Brouwer, 1946.

Mélanges Pierre Lambert consacrés à Huysmans. Avant-propos de Pierre COGNY. Paris, Nizet, 1975.

MUGNIER, abbé. *Journal.* Texte établi et choisi par Marcel BILLOT, Préface de Ghislain DE DIESBACH. Notes de Jean D'HENDECOURT. Paris, Mercure de France, « Le Temps retrouvé », 1985.

Revue des sciences humaines, "Joris-Karl Huysmans". Colloque du Mans, Introduction par Max MILNER, n°s 170-171, avril–sept. 1978.

RICHARD, Jean-Pierre, « Le Texte et sa cuisine » (texte prononcé à Cerisy en juin 1977 dans le cadre d'un hommage à Roland Barthes), in *Microlectures.* Paris, Seuil, 1979.

SEILLIÈRE, Ernest. *J.-K. Huysmans, son œuvre.* Paris, Grasset, 1931.

THÉRIVE, André. *J.-K. Huysmans.* Paris, Grasset, 1931.

TRUDGIAN, Helen. *L'Esthétique de J.-K. Huysmans.* Paris, Conard, 1934. (Réimpr. Genève, Slatkine, 1970.)

VALÉRY, Paul, « Durtal », « Souvenir de J.-K. Huysmans », in *Variété, Œuvres*, t. I. Paris, Gallimard, « Bibl. de la Pléiade », 1959.

VANWELKENHUYZEN, Gustave. *J.-K. Huysmans et la Belgique.* Paris, Mercure de France, 1935.

VANWELKENHUYZEN, Gustave. *Insurgés de Lettres, Paul Verlaine, Léon Bloy, J.-K. Huysmans.* Bruxelles, La Renaissance du Livre, 1953.

VILCOT, Jean-Pierre, « Bonheur et clôture chez Huysmans », *BSH*, n° 63, 1975.

VILCOT, Jean-Pierre, « J.-K. Huysmans miniaturiste », in *Mélanges Pierre Lambert consacrés à Huysmans.*

VILCOT, Jean-Pierre, « Huysmans et les autres : jeux d'écriture, jeux de massacre », in *Revue des sciences humaines, "Joris-Karl Huysmans".*

VILCOT, Jean-Pierre, « Huysmans décadent ou l'horreur du vide », in *L'Esprit de décadence.*

ZAYED, Fernande. *Huysmans, peintre de son époque.* Paris, Nizet, 1973.

TABLE

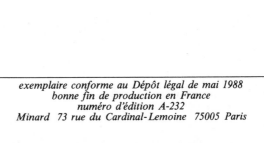

exemplaire conforme au Dépôt légal de mai 1988
bonne fin de production en France
numéro d'édition A-232
Minard 73 rue du Cardinal-Lemoine 75005 Paris